JN063391

障害の家と自由な身体

——リハビリとアートを巡る7つの対話

晶文社

装丁：泉 美菜子（PINHOLE）

目次

無作為な関係性をつくる

大崎晴地

人は誰もが障害者である。もちろん、この社会の多数派からもれてしまう人々の生きにくさや困難さを見ずに無責任なことは言えないが、それでも人は多かれ少なかれ誰もが障害者になりゆく存在である。現代では次世代のソサエティーを構築するための国家プロジェクトとして、多様性（ダイバーシティ）や包摂（インクルーシブ）が叫ばれ、テクノロジーによるスムーズ化が加速していく社会であり、障害のあるなしにかかわらず誰もが生きられるバリアフリー化が目指されている。私が二〇一五年に旧アサヒ・アートスクエアで建築家とともに始めた《障害の家》は、そのような時代を横目に健常者目線でのバリアフリー化ではなく、障害者の視点から考えられた生活空間や、「障害」そのものを建築的に問い直すことによって、障害があるがゆえのゆたかさを実証しようとするアプローチである。筆者はリハビリテーションや精神病理学などの領域に関わり作品制作や研究活動をし、障害者の現場に通いながら考えてきた背景からこのプロジェクトを始めたが、一方で建築環境への関心の源は荒川修作＋マドリン・ギンズとの出会いがあった。傾いた大地や凸凹の床で知られる彼らの思想や作品に負うところは大きい。とはいえ、荒川＋ギンズの生きたアヴァンギャルドの時代と今は異なり、「障害の家」という言葉のニュアンスにはケアや福祉のイメージがある。

二つのルーツ

《障害の家》には、二つの起源がある。まずは臨床現場におけるリハビリの困難さ、試行錯誤が背景にあり、生活そのものがリハビリであるという視座がある。「社会復帰」という定義は、戦時中の応急処置に由来する営みであり、元通りに戻すことが困難な患者の生活への復帰を意味する。リハビリは、すでに生活の一部としてその後も行なわれ、他人とともに支え合うケア関係の中にある。リハ生きることには不可能性がある。自分の思い通りにはいかない運命を受け入れなければならないからである。それに抵抗するのがアートだという認識が私にはあり、生活の問題と地続きなのである。生きるための労働が、仕事でなければならない。ハンナ・アーレントは生命維持のために食べたり働いたりする営みを「労働」とし、それよりも耐性をともなうテーブル、椅子のようにモノとして永続的な世界性を持つ安定した世界の構築の営みを「仕事」、さらに他人とコミュニケートし、社会に参加することを「活動」と定義したが、芸術はこの意味では「仕事」であろう。さらに昨今のソーシャリー・エンゲージド・アートを含めれば「活動」に近い。いずれも文化的な営みに位置づけられ、生きる自然を持続させていく労働からは分離しているが、その点で《障害の家》プロジェクトは建築にもかかわる、より強く安定した世界性＝環境をつくることであり、また問題提起的なコンセプトを掲げるアート・プロジェクトでもある。このような活動は、だから単なる仕事ではなく、文化と自然をまたぐものである。

ではリハビリはどう位置づけられるか。障害とは生きることにともなう機能不全だとしたら、それは生命維持の危機であり、労働の営みの困難さである。アリストテレスのいう観想、実践、制作をアーレントは活動、仕事、労働に読みかえ、それまで低く見積もられてきた「制作」(ポイエーシス)が、近代においては工場生産のもとで行なわれる労働として積極的、批判的に捉えなおされる。「仕事」は形相―質料の構図にあり、始めと終わりを持つ目的―手段の関係にあるのに対して、「労働」には始めも終わりもなく、いわば循環的である。この「制作」は、だから生命を維持していくための食事、住むことに密接なものとされた。近代で労働が重視されたことにより、制作物以上にそれを生産するファブリックなプロセスが重要だったのである。マルクスが批判した労働の疎外は、資本家と労働者との間にあるヒエラルキーに起因した階級差をも批判するものだ。生命システムやリハビリを社会的な関係の中での「労働」や「生産」として捉える際に、その生のプロセスがどのようなシステムの中にあるのかを批判的に捉える視点は、ケアの問題でもあるだろう。アーレントはこれらの「人間の条件」がマルクスにおいてすべて労働(生命そのもの)に還元されることが、全体主義に陥る危険性をともなっていることを分析した。

リハビリは損傷を持った患者がみずからの困難を乗り越えていくための生のプロセスだが、それは生きるための労働であると同時に、それ自体が個別の生活の質とともに考えられなければならない。労働も、生の時間外ではない。生活の時間のなかで労働も同じ人生の時間内であるのと同じように、リハビリも生活の時間であって、そのような生の労働(リハビリ)を行なわざるを得ない境遇にある人こそ、人生そのものを芸術(仕事)のように考えなければならないのではないか、という考えが私にはある。なぜならこうした労働としてのリハビリが単に機能的な改善を目的とする制度の中で、それが強固な規範のようになれば、たちまち暴力的なシステムになりかねないからだ。だとすれば、もっとも芸術から遠いところにいる人たち(障害者)にこそ芸術が必要なのではないか。自立を支援する運動（労働）と芸術（仕事）。あるいは現代的に言い換えれば、ケアとアートとも呼べる、人権を回復させる政治的な問題とも絡んでおり、その視点から生活環境を設計していくことが目指されている。感情労働のように生活と労働とが同じ位相にあるのがケアの現場である。だから公私の関係が交錯する場所を分析し続けていかなければいけない。高齢化社会は私自身の家庭環境も例外ではなく、認知症の祖母と生活していた幼少期（ヤングケアラー）、また一人親家庭であることとも関係する。ある種の根源的な「貧しさ」、私自身の家が「障害の家」であり、ケアの問題が芸術活動を継続する動機とも言えるかもしれない。

マルクスは「必然の王国」と「自由の王国」とを対比し、必然的な労働からの解放を通して自由が実現するというより、必然の王国が減少するに応じて自由の王国が現れるという。一定の常勤労働者は週休二日制がカリキュラム化されている。生の時間が労働によって管理される。不自由さと自由の連動関係をそのように捉えるとすれば、リハビリし続ける身体は、終わりも始まりもない労働とパラレルであり、必然的な「障害の領域」と「自由の領域」は絡み合っている。障害とリハビリは、反対の関係でなく非対称的な関係にあり、障害の必然からの解放（労働からの解放）が目的とされたユートピアではなく、障害を肯定することによる自由の領域の幅を設定しているのであり、必然と自由は絡み合っている。不自由な身体と向き合うリハビリ労働も、完全な自由を目指すリハビリではなく、障害とともに生きる生活において、両方の振れ幅の中で考える必要があるだろう。個人の生の問題と、それを組み替え、実践的に活動していくために、労働と仕事をつなぐ蝶番としてアートの問題がある。言い換えれば、芸術は社会を組み替えるリハビリ（活動）であると同時に、障害のある人にとっての仕事なのである。

もうひとつの起源は、リハビリのように治そうとするベクトルとは反対に、病があるからこそ別の能力を開花させるという精神病理学モデルだ。近代社会では精神病の患者が生み出した芸術作品を「アール・ブリュット」(生の芸術)と呼ぶが、それは正規の美術教育を受けない生の表現(アウトサイダー・アート)として、他人に見せることを前提とせずに患者が描いた作品群であり、画家のジャン・デュビュッフェが収集することによって始まった。これは言ってみればマジョリティ社会に制度的に外れた障害者が別の才能を開花させることで、治るとは別の自立を遂げたということであり、マジョリティとの対立軸として語られてきた歴史である。現代は特異性を極力減らし、多数派のなかでただ一人才能を発揮する超人が目指される時代ではなく、それぞれの個人主義の時代だ。《障害の家》は、病という負荷をともなうことで別様に創造性を発揮する精神病理学パラダイムがあり、建築的な環境のなかでの生命の複雑性を科学するアプローチがある。負荷を与えるような環境がもたらす生活の機能主義や、バリアフリーとは別のポジティブな側面を捉える仮説があるのだ。だがそのことは、同時に「障害者」をメタファーとして、障害者自身の生のあり方を検証するモデルにもなりえるのである。こうした「人(脳)と建築の等価性」を実験的な手続きから明らかにすることができれば、かつての精神病者の創造性を脱神話化することにもつながるだろう。

家の自由化へ

かつての病棟への隔離は、あまりに制度と物理的な壁という関係が強固で、暴力的なものだった。それは壁という二〇世紀の収容所の強制的な管理体制がもたらした概念である。壁をとっぱらい、抑圧してきた制度、規範、物理的な制約を分析しながら、さまざまなつながりを再開させるところに「ケア」の意義はあるのだろう。ドイツ語のRaumという語は、「空間」と「場所」の二つの意味を持つ。それは家の存在論にかかわる定義であり、家がメタファーとして語られるハイデガーの「言葉は存在の住処である」にともない、開かれた地平を持つ世界に住む場所という存在の意味が、家のように境界で仕切られた空間の概念と重ねて統合的に語られる時、ディストピアに変わるのである。ティム・インゴルドはこの「反転の論理」を批判している。本来は守られるべき家の役割が、強固な内と外を区分する円になることで、強制収容所のような施設空間に結びつく。韓国ドラマ『イカゲーム』では、広大な外の自然の風景が設置された屋内空間として、心のイメージまでも室内化させた部屋が出てくる。白い壁はイメージを投影するスクリーンの役割を果たす。それはどこまでも出入り口がない管理された収容所である。手厚く管理する福祉の営みが、施設的なものの中で過剰なものになれば、虐待にもなりかねない。コロナ禍で、家から外に出られない日がつづけば、安心できる家庭環境に反転の論理がはたらき、拘束された空間の中でDV（家庭内暴力）が起きる。助け合う家族の関係が、同じ家の中で離れられなくなれば家族収容所（信田さよ子による定義）のようにもなりかねない。学校でのいじめの問題も内と外が区切られた施設空間で起きることである。風通しが悪くなると、そこは内と外が明確に区分された「壁」になるのだ。インゴルドはこうした家や国の持つ反転の論理が悪しき問題を生むと考えており、重要なのはやはり円になる前の開かれた境界、線（line）の方にあると述べる。

　私がさまざまな患者と接してきて感じるのは、この家のメタファーを通した存在のかたちであり、それぞれの人の様態を家のメタファーとして捉えられるのではないかということだ。それは障害者を通して多様な家のかたちを追求することであり、文字どおりの家そのものについて思考を巡らすことでもあった。存在することは世界に住むことであり、家のメタファーとともにある。そして一人一人の「存在する」ことそれ自体に障害がある。人間は存在のかたちである家、すなわち身体を持つことに他ならない。誰もが有限の体を生き、永遠の存在の住み家を持つことはない。語弊を恐れずにいうならば、身体は障害者である。身体があること自体が障害者であるということである。この身体を生きることが障害を生きることに他ならないのであり、人は最初から障害者の途上なのである。私たちは身体とともに障害をともなっていく家としての存在なのである。

「存在」が外延を持たない家として、世界に住むことのメタファーであるなら、精神病は家からの逃走、自閉症は文字どおりその存在が家のかたちをとる病である。前者の家は家族を構成する空間のことであるのに対して、後者の家はモノとしての身体のことである。そのものが存在と密接であるなら、生きることが建築することのようでもある。自閉症はみずからの身体が住み家だと言える。反復動作や常同症などのトートロジックな症状は示唆的だろう。だから自閉症の存在は実在的なプランが必要であり、それが生活から支えるケアの問題なのである。

Raumにおける空間と場所の両義性、境界のない存在とそれを囲う家を批判的に考察し、障害者の存在の地理学として、空間と場所性を捉えた時、障害はどこにあるのか。家から逸脱する（家出する）のではなく、家そのものが障害をともなう身体なのであれば、家のあり方を円から線的なものにしていかなければならない。トラウマは場所性と空間が絡んだ記憶に関わっていると思われる。トラウマの記憶（場所）は、記憶として過去にならない「部屋」になっており、空間化している。

時間が経っていない空間が部屋になっているのである。だから部屋そのものを動かし、「もうひとつの部屋」を確保していくことが臨床的な課題になってくる。「空間」と「場所」の関係、その反省を踏まえた新たな部屋の関数について考えていくことは、病理と空間／場所の文化（治療文化）との関係を考えることに他ならない。

ネットワーク型の健康と病

都市空間を歩く人、すなわち遊歩者（ボードレール）は匿名的であり、線的な流れをつくる存在で、健常者はそもそもこうした見えない透明な存在だった。健康であることは自明であり、本人にとってても透明であることだ。つまり、健常者とはみずからの身体に対して別段意識を向けなくても良い状態にあることである。しかし、クレール・マランが『熱のない人間』の中で述べているように、現代の健康はそれぞれの主体だけの問題ではなく、「新たな依存のネットワーク」に組み込まれており、健康は自明なものでもない。かつてのような確かな健康ではなく、不確かな依存関係の中で健康の指標が組み込まれている。「健康」の認識自体が自立的な強い健康ではなく弱さに裏打ちされているのである。自立は幻想とされる。そして、健康は沈黙的ではなく騒々しいものになっているると言う。健康であることの過剰さは、不健全とも言えるのかもしれないが、それが現代の健康なのである。他人との依存のネットワークの中で、個人はつながりとともに健康が測られており、自分の健康は他人とともにある。

逆に病気であることは本人の自覚がなくても潜在的な病を認定され、病名を与えられるかもしれない。マランは前立腺がんや乳がん、糖尿病、遺伝性疾患の検診技術の進歩を上げて、本人がみずからの身体のノイズを知らずに病名を与えられる状況を説明する。「身体（器官と機能）は主に、その見事なまでの強さによってではなく、衰えた人、病む人、障害を負った人、負傷した人たちの直面する困難によって知られ、明らかにされていく」。スーザン・ソンタグが『隠喩としての病い』で述べたメタファーはがんやエイズだったが、それらの病理は病原が特定されている自立的な病であるのに対して、現代の病を特徴付けているのは、器官や機能が連動するシステムの不全であり、症例として顕在化する前に身体は事前に診断される。本人の病識にかかわりなく身体は障害を生きている。器官はそもそも機能に特化したものというよりネットワーク的であり、一部の作動の不調が別のところに作用する。「心不全」は、がんに並ぶ死に至る病として現代では多くの人がかかる機能疾患だが、それ自体は病気ではない。あくまでも「不全」を警告する医療診断によるものだ。しかし、ほうっておけば足のむくみや腫れ、肺の苦しみ、息切れとして現れる。コアとなる循環器系の心臓のはたらきが弱まることで、周りの機能的な部分に症状が現れるのであり、身体はケアのネットワークによって支えられた障害者である。心臓は死を遅らせるように他の機能系をケアしており、高血圧や不整脈などのもともと心臓が持っていた疾患が起因してその作動を圧迫し、心臓から出る水が体全体を膨張させ、肺が水浸しになり、肺そのものが溺れる。現代の病は際立った病名ではなく、生活習慣病のようなところがある。精神的には統合失調症に代わりよく聞かれるようになった認知症が挙げられるだろう。これも認知という誰もが普通に持つ機能の障害である。脳神経系の問題でもある認知症も、ケア的なネットワークが重要であり、それが破綻することで症状が加速するようなところがあるだろう。さらにオープンダイアローグなどの対話によるケアが行なわれるのも、他人との関係から改善していくケア的な障害（不全）ゆえなのである。器官や機能の自明性（透明性）ではなく、すでにその自立した機能を支え続けているネットワーク全体の問題にあるということだ。認知そのものの低下がさまざまな状態のモードとなって現れ、かつての状態との間で齟齬が生じる。あるいは妄想的に本人は自明性を継続しているかもしれない。生きることと死はオンオフのような明確な区分を持たず、生活することが障害と密接な生の問題となっており、死をいかに遅らせるかが生を規定する。そのような中で障害を生きることが生活のゆたかさに直結しているのであり、むしろそこから健康を強迫的にメンテナンスすることで、身体の障害者は延命の治療の過程を生きているのかもしれない。すでに死なないための社会が誕生している。

こうした時代に障害の家はどのような展望をもたらしているのか。障害をつくることによる自由な身体。不自由さをも選択肢に取り込む自由を手に入れた社会。その自由度によって、ネガティブな障害とは異なる健康の弾力性をつくっている。しかし、その弾力性は老人や障害者にはきついかもしれない。老化を遅らせることに向けたバリアフリーへの促進に対して、《障害の家》はバリアによって弾力性を取り戻そうとする。例えば、当事者研究の発祥地として知られる「べてるの家」の施設長は、本人も統合失調症の当事者であるが、勤務中に施設から逃亡するという。皆が集まる大事な打ち合わせ時間にリーダーがいない。利用者は責任を感じ、立場が逆転する。こうした関係性はフランスのラ・ボルド精神病院にも見られる。ジャン・ウリは、「コレクティフ」という概念で、病院や集団、組織などで発生する制度を分析しながら、群れ的な思考で権力関係を組み替える視点を提示する。ウリも院長を務めたラ・ボルド精神病院は、医療環境にともなう医者と患者の関係自体を組み替え、また芸術家もかかわることによって、施設空間自体が持っていた病を治療した。現代ではこうした権力組織は施設だけでなく、さまざまな関係性のネットワークの中でも起きる集団性の問題であり、そうした視点を内在的に分析することが、人々のケアにつながるとされている。患者と治療者との役割の交換や、施設そのものを運営する側に利用者を立たせることで、権力関係から改善していくようなアプローチがあり、それは時代的に精神医学の権力に抵抗する反精神医学的な運動であったが、「責任」は関係の中で形成され、そのケア的な見えないネットワークと、それを固定している権力関係との間から病が生まれてくるようだ。

「散歩」は目的地を持たず、どこへ向かうか予測不可能な揺れだが、障害者はこうした予測不可能な動きがとりにくくなることで、線は歪になり、むしろ点に近い存在と言えるだろう。線が点のつながりではないように、線は動きによって連続的な線になるのに対し、点の動きはどこか不器用な動きを生む。その意味で、障害者は不透明な存在である。世界をどのような関数で捉えるかでまるで違う地理が見えてくるだろう。こうした社会設計が今日、都市の問題としても強調されるようになった。フェミニスト地理学者のレスリー・カーンは『フェミニスト・シティ』の中で、都市がもともと男性中心主義のもとで設計されていることを突き、女性はそこでは何者なのか、問うことさえもできなかったとする。妊娠している人は社会的にそのような視線で見られるし、弱さを抱えていたり、夜道も一人で歩くことができない。不透明な存在である。透明な社会という視点は偶然の自由を与えられた健康な人たちの社会と対になって生まれた障害者の存在によって際立った。今日、女性をはじめさまざまな当事者がみずから「世界をつくる実践」としてのアイデンティティ・ポリティクスが前景化したことで、公共空間で自由になることが模索されている。健常者は、実存的には生きているが社会的には実在しないような、匿名的な存在である。匿名性の都市空間の中で生きることができるのが健常とされ、障害者はマイノリティとして見られる。身体がある限り誰もが障害者であるという《障害の家》は、誰もが不透明で固有の存在であるという視点から社会を見直している。しかし、外から障害が見えにくい精神障害の人も大勢おり、また見えないバリアを感じる自閉症の人々もいるだろう。つまり透明な障害者が大勢いる。そして、そのような見えないバリアが現代の複雑性や潜在能力に関わる問題である。モノと障害者のように外からはわかりにくい人の経験を汲んだケア関係、そしてバリア、障害との関係を考えていく必要があるのだ。

潜在能力批判

ノーベル賞を取ったインド生まれの経済学者アマルティア・センは、人間はみな平等であるという一般的な視点に対して、不平等であることの方を見ている。人は生まれながら誰しも平等であったことはない。所得、基本財や個人的な特徴、グループの関係から個人の目的も追求するものも異なれば、そこではそもそも平等などという意味がはじめから不明なのである。センはこうした人間の不平等を前提に、変数として（不）平等の意味を考察している。生まれながらに平等ではないのは、ジェンダーをはじめあらゆる社会設計の偏りであり、その社会の歴史や設計が公平性を奪ってきたからである。たしかに障害は社会の規範や設計の側の問題だと言え、こうした関係性を常識にしてきたのは家父長制の歴史であり、国家、家のルーツなのである。個別の関係の中で、それぞれにとっての平等不平等の内実があり、その差はバラバラである。センは「潜在能力」を機能性の幅として捉えており、その変数によって個人の自由とその福祉の課題を問題にしているのだが、《障害の家》は少し違う。「機能性がないことで潜在能力が上がる」という視点がどのように想定できるのかを議論しているからだ。「平等」とみる視点は誰のものか。その審級（尺度と言ってもよいかもしれない）が旧態依然とした視点であれば、そこでの平等はただそう見えているだけであり、各個人の不平等や凸凹が隠蔽されていることになる。だから、むしろマイナスの側面をそれぞれの基準としてみた時に、そのことを肯定する視点が必要になる。

ジェンダー研究者のパトリシア・ヒル・コリンズとスルマ・ビルゲの『インターセクショナリティ』では、ＦＩＦＡの国際大会であるサッカーのフィールドを上げ、そこでは戦う国の貧富の差や個別の生い立ちが異なるにもかかわらず、対等なフィールドによって「平等」であるように見せかけられていることを指摘している。サッカーの水平（level）で平坦（flat）なフィールドを通してその個人のアイデンティティの差異が隠され、均質化する。対等な試合であることを観客に見せかけることになる。言わば、フィールドによって凸凹が隠蔽され透明化されているのだ。プレイすれば結果として勝敗が現れるが、そのプロセスは平等に与えられなければならない。このような均質空間における公共性の神話は、公式の競技場でのゲームならまだしも、生活空間や都市の見せかけの均質化に建築空間が一役買っている。均質空間を批判的に問い直す建築は、ポストモダンの建築家が問題にしてきた。例えばベルナール・チュミは次のように述べている。「空間とイヴェントであるもの、という建築の定義は政治的考慮へとわれわれを差し戻す。（…）現代都市の拡張や縮小を制御する、複雑な社会、経済、政治機構は、建築やその社会としての利用にも影響を与えてしまう。空間はどうしても領域や縄張り、つまり社会的定義の環境を決定づけてしまう。社会は空間を生み出すが、一方で社会は常人空間の囚人である。空間はすべての活動のための共通の枠組みであるがゆえに、それはしばしば社会の矛盾を隠蔽するための均質性の外見を与えるように、政治的に利用されるのだ」(『建築と断絶』)。こうした政治的な空間のもたらすある種の暴力性が、近代の社会の空間を設計してきたのだとすれば、そこからもれる障害者にとっての場所は考慮されていない。私は人の差別解消だけでなく、「空間差別解消法」も必要だと以前書いたことがある。その空間が「健常者」を錯覚させる装置になっているからだ。人間は無自覚にみずからの環境を抑え込んできたのではないか。だから当事者から考えられた空間設計の可能性を紐解くことが社会的課題なのである。均質なフィールドは個人の身体能力だけに還元され、偶然が勝敗を左右するにもかかわらず、その人の「努力」と「運」の強さが試合の勝敗を決める。その国の背景から同じ社会で生活した選手ならばその試合の地平はわかるが、それが個人に帰着することから、プレイヤーの身体だけが制御され、環境の広がりは偶然性を極力減少させる。パラリンピックは健常者のスポーツの代替えだが、その場合、オリンピックのオルタナティブであり、オリンピック目線でのスポーツであることも確かだろう。健常者目線でつくられるスポーツではなく、障害者目線で生まれる多様なスポーツができれば、《障害の家》に近づく。現に障害の競技場案も考えたことがあった。障害者がつくる新たなスポーツが、健常であることでハンデになるのなら立場は逆転している。そのようなある種の相対主義的な世界の多パースペクティビティが生まれたら、誰も能力差は認められなくなり、差別もなくなるに違いない。現在の最先端技術でつくられる義足は、健常者よりも速く走れてしまう可能性があり、そうなれば健常者以上に障害者のスポーツの方が能力的には上の試合が見込まれるだろう。

《障害の家》はさらにもうひとつ加える。であるならば、障害のあるフィールドを構築し凸凹にすれば、なお相互の能力差によらない「偶然」が媒介することになるのではないかと。言ってみれば、その環境の障害が競技の媒介変数として関与し、選手は変数を制御しながらプレイするのである。コリンズも「なだらかな兵陸地に、ゆるやかに傾斜したサッカー場が設置され、丘の上にレッドチームのゴールがあり、谷の側にブルーチームのゴールがあると想像してみよう」と述べ、フェアプレーの神話を批判している。《障害の家》はそれを文字どおり真剣に考えている。ボールだけが変数ではない。本当に能力に還元したければ、均質なフィールドではなく偶然を制御する自然そのもののようなフィールドの方が、本当の意味でその国の個性が精確に出るのではないだろうか。ある種のランダムネスの環境の方がフェアな関係ではないかということだ。能力主義とは別の仕方で。勝敗を決めるスポーツ競技とは独立に、競技場の環境の側がバリアフルな空間になることは、オルタナティブに平等を考えることでもある。なぜなら、障害者も健常者も、そのバリアフルな競技場の中ではどっちも優位になる可能性があるからである。こうした自立した個人の身体にアイデンティティを還元するのではなく、たくさんの制御変数をつくり、日常の中で発生させることができれば、規範や文化に対する常識から距離を取ることができる。試合のために練習するのではなく、練習する生のラインのために試合がある。リハビリも社会に適合するためにリハビリするのではなく、リハビリする生のラインのために社会がある。そのような視点が人間中心的なスポーツや社会を問い直すことにつながる。

　私がわざわざ「障害」という言葉を使うのは、精神病理学パラダイムを極北として、別の機能化や他の積極性につなげる回路を見つけるためである。むしろ潜在能力とは、既存の機能性の組み合わせの多さではなく、その「できない」ことによって別のことが可能になるという変化率にあるのではないかと考えている。機能を持たないことによって別のことができる可能性や、逆にできなさから生じる創造性にはたらきを見る。「できない」などというとあまりに機能からみた否定形だが、人間の複雑さをとらえるには効率や機能があまりにも前提とされがちで、その逆を向きにくい。そのこと自体が創造性に反している。言わばランダムネスが抑え込まれ、自由化していないのである。与えられた役割からは個の弾力性は単調なものとなる。ケアは、人間が抑えこんでいるところを取り外す営みと言える。もしくはすでに潜在的にフローを促している。さしあたってこれを哲学者クァンタン・メイヤスーに倣って「減算的拡張」（減算的創造）と呼んでおきたい。《障害の家》は、モノ自体が壊れていたり、身体に障害があることに対して、それをネガティブに考えず、むしろそのランダムさの中からそれぞれの自発性を促し、異なる世界に向かうこと自体を創造的に捉えている。既存の社会の機能性の延長に発展させていく方向ではなく、むしろ減算したり壊したり、バリアのある方向へ向かいながらランダムネスを上げ、それによって発展させようとしているのである。

ランダムフリー係数

当事者研究で知られる熊谷晋一郎は、自立と依存のそれまでの関係を捉え直し、自立するためには依存先が分散している必要があるとしている。だとすれば、自立しているように見える人ほど多くケアされている人である。依存先が多いことは弱さのように見えるかもしれないが、多ければその分、弱さも強さになってくる。もはやここでは弱いのか強いのかよくわからなくなる。逆に一見自立している人でも、依存先が少なければ脆弱であるということだ。こうした視点から見ると、障害者と健常者の境も崩れるようである。しかし、臨床場面では患者と治療者の関係がよくない場合、治療者自体を変えるという選択肢がなければ、その人はケアと称しながら病が悪化しかねないだろう。時にケアの関係がしこりのようになることもある。このようなケアの依存関係におけるネットワークでは、つながりをつくるだけでなく解除する視点（デカップリング）も重要であるはずで、だから、依存先を分散する場合でも、その本人の全体のネットワークの中で依存先との絶えざる拮抗とともに、新たな制御変数を促すものになっていなければならないだろう。ケアそのものも強いつながりになり、依存しすぎると病的関係になるのだから、ケアは両義的であるし、その関係のバイアスを掘り崩すことがケアの本来の営みなのである。これは強い自立的な男性原理の視点に対して、常にケアし続ける潜在性、すなわち女性原理とのぶつかり合いがあって、そこでの調整が必要となる。どちらか片方に偏ってもいけない。《障害の家》のルーツは二つあることをはじめに述べたが、この意味で特異性や自立化のベクトルと、つながりの中で変数を増やし、フローを促していくケアの営みを両立させた関係性の中で考えるところに両義的な視点がある。普通は自立がよいこととされるのに対して、本人にとっての制御変数を増やすことでバランスする。だからつながればよいというわけではなく、ランダムな中でつながりの係数を増やすことが大事なのであり、障害者に必要なのはその「ランダムネスの回復」ということになる。しかし、それは本人一人の問題ではない。関係性の中でランダムネスがつくられるからであり、本人にとっての固有性を促すには、ランダムネスの自由化が必要なのではないか。

依存先が分散していても、それが固定された自立―依存関係になれば、やがてランダムネスも失われていく（図・右下）。固定されている段階はすでに古い過去のことになっている。例えば先のべてるの家の施設長の事例でも、逃亡が毎日日課になってしまえば、その出来事性も失われ、固定的になるかもしれない。そうするとその一時性は直ちに古びてしまうだろう（しかし施設長の逃亡は障害によるため、常に緊張と後ろめたさがともない慣れることがない）。極端な例を挙げれば、「災害ユートピア」という言葉がある。これは震災のような大きな出来事があったときに自ずと人々は結束し、団結することで、ある種のユートピアの場が生まれる状況を指す。身近にある悩みや個人の問題が狭小なものに感じられるほどの大きな出来事が、人々の自発性を促し、団結を生むが、そこでは大きなアクターによってそれぞれのランダムネスがつくられ、横の連帯を形成する（図・左下）。統合失調症は地震のような出来事にも無関心であることが多いが、鬱のような場面では主体的な責任が生まれることで安定化を図ることにつながる。《障害の家》は、出来事となる障害のアクターによって人々がランダムになるこ

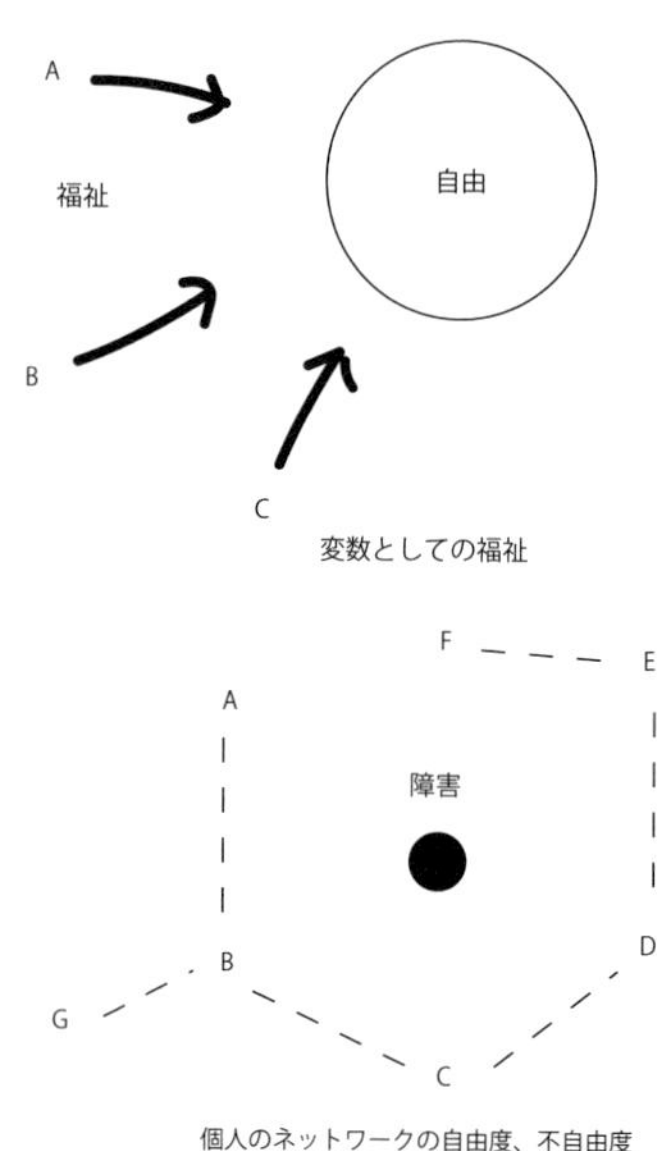

変数としての福祉

個人のネットワークの自由度、不自由度

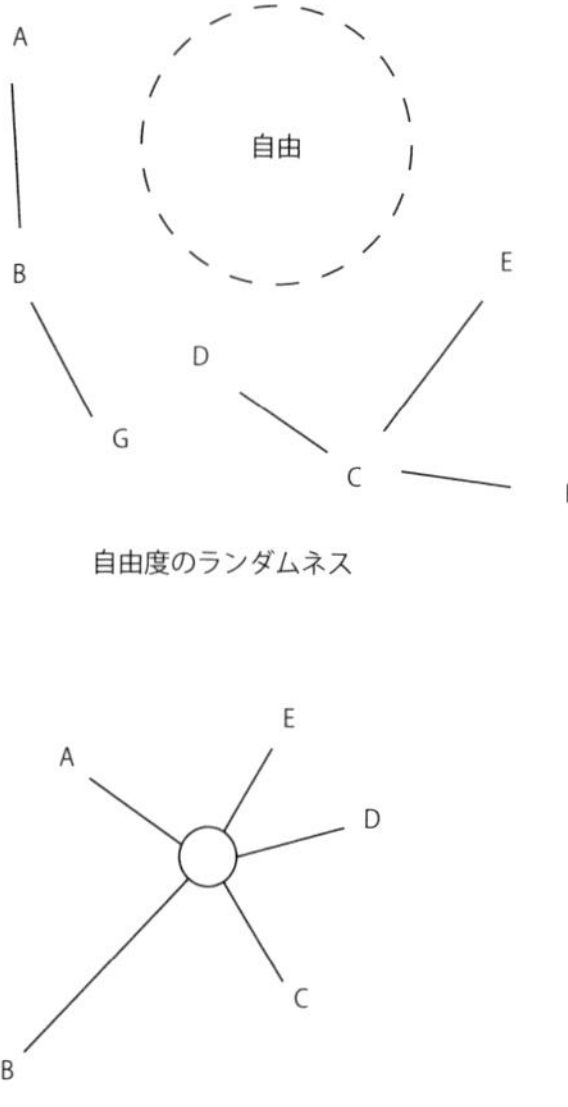

自由度のランダムネス

固定された自立ー依存

とに喩えられる。この時の係数が自由度と不自由度の関係のネットワークをつくり、弾力を生むのである。べてるの家の施設長の「逃走」（障害）も、利用者のランダムネスを促す媒介変数となっているのであり、それによって発動するつながり（差異）である。

内外を持つ円からの逃走（線）ではなく、インゴルドが考えるように世界は線からつくられているという視点が大事なのである。内と外、そしてそこから逸脱する、という論理は一種の定型として対になっており、補完的な関係にある。創造性はその亀裂から生み出される強度の別名だった。

ではセンが考えているような不平等な個人の福祉のあり方の違いを捉える場合に、横の関係のネットワークはどのようなものになっているのか（図・左上）。その一人一人の向かう自由度を解放すれば、自由のあり方は人それぞれ異なる。個々の障害における小さな出来事も、本人たちには大きな出来事であり、そうした出来事の係数が固有のネットワークをつくる。偏りを含めて個別性は考えるべきであり、つながりが多ければよい訳ではない。それぞれの違いから反発のあるつながりが生まれる。つながらないことも関係性である。つながりをあえてつくらないことで、別のゆたかさが得られるからだ。ランダムフリー係数とは、そうした違いも含めた弾力性をつくることにかかわり、自由を理念にとどめるのではなく、また個別の自由放任でもない。ランダムとフリーは相互補完的だが、ただバラバラであればよいという個人主義ではなく、個と個の運動（弾力性）から共振する手続きがその人にとってのつながり、ケアなのである。つながりのネットワークがランダムである（図・右上）。その場合の「自由」とは何か。「みんなちがってみんないい」というのは結果から見ての話であって、その多様性を生む手続きのメカニズム（係数）が問題であり、その個々の自立にランダムネスが必要なのである。その個体は、他の個体との「違い」さえ目的としておらず、同質に向かう可能性だってあるだろう。多様性は結果なのだ。多様性を謳うだけの社会がどこかきれいごとのように感じてしまうのはこのためであり、問題なのはそれぞれがいきいきと生きるための多様化の回路にある。人間社会の活気や動揺は、ランダムネスのフリー化に関わっている。弾力性、ランダムネスの形成は化学反応的であり、大きな出来事によって振動（動揺）したり、小さな出来事でも再編する過程として拡大するスケールフリーなところがあるかもしれない。本人にとっては出来事的で、係数であり、非線形にしか起きない変化なのである。

人々が安心して暮らすには、障害のある人にとってはマイナスからゼロに戻すための制度（福祉）が必要だが、自発的なその人の個別性をケアする視点は、アイデンティティや自由を考慮しなければならない。しかし、こうした意見も福祉の必要な人にとっては強く聞こえるかもしれない。哲学者のマーサ・ヌスバウムが述べるように、誰もがユニークな生き方を求めているわけでもないからであり、伝統的な視点が自分の意見でありたいと考えるような視点もあるからである。それはまず健常な社会で最低限の生活ができた後での話であると。だから制度的な福祉と、個別のケアと、それらを横断する視点とともに社会はある。

ランダムネスフリー、ランダムフリー、フリーランダム、言い方は何でも構わないが、バリアフリーからバリアに向かうなどと言えば誤解を与えかねないことから、より解像度を上げてランダムフリーと呼んでおく。ランダムフリー化に向かう社会は、バリアフリー化でもバリア化でもない。そもそも人間の関係性の中にはバウンダリーな弾力性があり、だからこそゆたかな関係が保たれているのであって、そこには健全なつながりも刺激的なものも含まれる。ランダムな歪さ（いびつ）をともなうランダムネスに注意を向けた社会はどのようなソサエティーか。ランダムネスは機能に回収されない生のゆたかさである。平等がはじめから存在していないのなら、その生まれつきの違いから身体そのものが障害者であり、変数を生きているところから考えていかなければならない。身体が障害者であるということは、身体を変数として捉えることだ。その身体の違いによる変数、ランダムネスはすでに群れとして共同性の中のある種のダイナミクスと言える。大きな社会に合わせるバリアフリーの視点ではなく、それぞれが生まれながら異質であるならば、その偏差とともにあるランダムネスを促す視点が必要だと考える。だからランダムさを固定することではなくフリー化することであり、その人々の健康は、ランダムネスを高めることにともなう弾力性にあるのだと言えるだろう。その非線形の塩梅を見込んだ福祉やケアが考えられなければならない。

身体そのものが障害者である

数学者のベン・グリーンによる『スマート・イナフ・シティ』では、本来は手段として扱わなければならないテクノロジーそのものが目的になることに警鐘を鳴らしている。たしかにネットワーク型の社会の中でスムーズに物事を連結するためのテクノロジーによって、効率はよくなるかもしれないが、それまで持っていた人間の複雑性、すなわち冗長性を殺してしまうことにもなる。ここでの文脈に即して言うなら、ランダムネスが制御されることなのだ。できなくなったことに気づかずに環境が更新されていくのがスマートな社会だ。「イナフ」という言葉にもあるように、ここでも「十分ゆたかだ」という意味と「もう十分だ（いらない）」という両義的視点を持っている。

道具が規格化される以前は、人間の身体能力だけが頼りだった。それは道具が完成された現在から見たら、すでに戻れない記憶となっている。そこにはバリアがあった。コンピューターでインターネットに接続することが当たり前になった今からすれば、もはやなかった頃が想像できないように、環境がアップデートされるごとに、それまでできなかったことそのものが忘れ去られていく。「できなさ」は現在のフォーマット化された「できる」ことが前提されている社会から見たネガティブであり、その「できなさ」さえ想像できない。科学哲学者のミッシェル・セールが幹細胞の視点から幹と小枝（分岐）について論じているように、フォーマット化は分岐することで、ある種の物事をリセットする機構でもある。人間の社会は技術を通じて高度に道具使用を飛躍させ、拡張させてきたが、身体そのものを延長させているのではなく環境へと拡張させている。つまり、人が努力したり試行錯誤しなくてもすむ環境の自動化が起きているのである。そして、それはすでに私たちの環境として現れているので、すでに巻き込まれているのがこの環境内存在なのである。この身体が拡張的に外在化し自動化する時代において、人間の環境は、生身の身体からモノの側のシステムに外部委託することでつくられる。それは人間の能力というよりは道具とともにある情報知能的な能力であり、人工知能化を促し、人から機械へと主体が移動する。その機械が壊れたら何も役に立たなくなるのは人間だが、その衰退や脆弱性が「拡張」の問題であるとメディア論、技術思想史の柴田崇は述べている。人間は道具環境によってケアされているが、モノによって拡張された世界において、本人にとっての制御変数、つまり本人の新たな係数となっていなければそれはまるで機械の奴隷のようではないか。だがポジティブに考えれば、拡張された身体にはモノとの未知の共進化の可能性がありえる。その進化が自分の身体の展開になっているのか、それとも社会環境の自動的進化なのかは、注意深く見据えていかなければならない。人間の身体はどこへ向かうのか。

科学哲学者のブリューノ・ラトゥールは、モノから成る社会と自然のハイブリッドを紐解き、人間中心の社会に対して、アクターネットワーク理論を提唱した。そこで関係するモノは固定された関係ではなく、常に動的なサッカーボールのように次々と連鎖する。こうしたモノの視点から人間の「社会」がつくられていること、そのつながりの複雑性を見ることで近代社会の基準に抵抗しようとしているのがアクターネットワーク理論である。こうした社会において障害は、離散的なネットワークによりもたらされる速度の遅さや、システム障害になぞらえられる。その関係するアクターに心が依存している。身体の延長の定義は、この拡張され遍在した環境の中で、半ば心のモナド化が起きている。

モノが壊れて使い物にならなくなることと、手が麻痺して動かなくなることは、実在的には同じ「障害」である。そう感じる私は実在論的な「私」からみたパースペクティブなのかもしれない。環境の情報を受け取ることができない場合や、その情報を持つモノの側が壊れて機能しない場合には、アフォーダンスの失敗である。しかし、身体の器官に障害がある場合は、それはネガティブな失敗ではなく、別の世界（知覚）のアフォーダンスを生きているのであり、その情報にはおそらく欠如という概念はない。健常な世界の不足や欠陥としてよりも、それ自体が異なるモノとのかかわり方があり、「私」はそのような身体と環境とを分け隔てずに捉える「モナド的な自己」がデフォルトになっているのではないか。この「身体」がすでにはじめから障害として捉えられ、別の回路にも展開可能であれば、私の延長としてあらゆる環境は脳の入れ物のように拡張可能である。言わば、環境の凹凸に対し、私（心）の弾力性を再生させるのだ。《障害の家》は始動時、「個別の経験の履歴から生まれるプロセス」とも「それぞれの新しい感覚に働きかける生きた乗り物」とも定義している。家を「乗り物」とするのは、自分の身体の環境というより「私」からこの身体を含んだ環境を見て、家を捉えているからだ。心は身体を乗り物として、環境の中を動く身体行為の連関にあり、場所性の移動は心においては未知の旅行である。そしてそれは単に地理的な位置移動だけを意味するのではなく、それぞれの身体や個体とともに生命を建築化する視点がある。位置（延長）は座標軸の位置ではなく身体とともに場を占める配置（拡張）であり、この身体との間に境界があるのか、それとも私と身体環境との間に境界があるのかで、環境に対するアウトラインが変わってくるだろう。ジェンダーの問題も身体の特性から挙げられるのであり、私と身体との境界に齟齬をもたらしている。私と身体のバウンダリーには温度差がある。身体からが私に固有の環境なのであり、それを無視して平等な身体は存在しない。情報化した現代は潜在的なネットワークからが身体とされるが、そこからそれぞれの身体の歪さが問い直されるだろう。身体を変数として踏まえた時、誰もが固有の身体の障害を生き、環境のアフォーダンスのあり方も異なる。《障害の家》は、身体があることとそれ自体が障害者であり、遍在した環境さえも身体化し、メディウム的に捉えられないかという仮説を含んでいる。

私が幼い頃、書こうとするとバラバラに分解され、書くことができなくなるペンのかたちをした変な玩具があった。不自由さを積極的にデザインするような趣味の悪い玩具は、現代では排除アートのような形のデザインとして、ホームレスが居座れないような妨げの機能性を持つデザインとなる。都会では排除するための政策的デザインが社会設計として組み込まれているが、これは人間的な意図によるものであって、露悪的な記号としてバリアが機能している。よく「モノに当たる」人がいるのは、そこにはモノの人格化（愛憎）が起きているからだろう。排除も、そこに人間の意図がある限りは機能を持っている。しかし、《障害の家》でのバリアは、人間の機能からの解放である。社会的なバリアフリーのいう「バリア」は障壁であり、それは取り去られるべきバリアとしてあり、壮年期の男性を基準とした社会から抜け落ち、機能から派生した健常な社会設計と対となって「障害者」が規定されている。当然ながら《障害の家》はこうした社会設計の不備に対して障壁を推進しているわけではない。機能を完全に否定するわけではなく、さまざまな潜在的なものを呼び込むための新たなモノの可塑性（意図）を設計するのである。

発達障害の当事者である綾屋紗月は、自分の身体の内側（内臓）からのアフォーダンスについて指摘し、感覚の情報のまとめあげの困難さ（飽和状態）から、発達障害固有の環境を考察している。障害者はこうしたメディウム・スペシフィックな身体環境にあり、いわば身体の運動が自明ではないことから「私」が世界内から疎外され、縮小しているような状態にある。少なくとも身体の障害のある「世界」は、身体の近辺での環境にとどまり、外部に身体が拡張されていかない。綾屋の内臓のアフォーダンスは自分の感じている身体からの信号でもあるのだから、この点は意識と身体との乖離が起きている。障害者のパースペクティブは自明ではないみずからの身体とともに／対して／通して存在しているプロセスが問題になるのである。「自明性」はかつて統合失調症のアンネ・ラウの症例で、自明性を喪失した離人症に対して言われていたことだが、現代では多様な発達障害から解き明かすことができるのかもしれない。自明性とは、ここで言う弾力性がデフォルトモードになっていることである。

バウンダリーな身体

この身体も一つの選択肢（だがあまりにも身近なこのモノ性）に過ぎないとしたら、あらゆる環境が私の容器としての身体になり得る。そうしたモノの連関の中で依存と自由、潜在能力と自由の関係を考えるのが現代のケアの問題系である。社会の中での診断技術において、病を予期され、その依存のネットワークから健康の指標が測られると先に述べたが、それは人間の人工知能化に似ている。身体を拡張し、自動化した環境の中で何も考えなくてもすむように人間がメンテナンスされデザインされている。認知科学哲学のアンディ・クラークは拡張された環境によって人間の負担は軽減されると肯定的に考えるが、それは人の脆弱性と表裏一体の関係にある。だから人は身体に人工内耳や心臓のペースメーカーをしなくても、はじめから取り替え可能な心であり、「生まれながらサイボーグ」であるとする。であるならば、この身体だけが人間の身体ではなく、あらゆる環境へ遍在した心が問題になる。身体をその水準で捉える時、障害のあり方も組み変わる。身体は障害者である。それは広義にはこうしたモノや他人との関係を巻き込んだ場所にあり、心が拡張された環境において新たなランダムネスを建築化することができるのかという問題なのである。身体はこの時、すでに認識された人間の身体から、運動的に拡張された身体のことを指している。人間と機械のバウンダリーそのものに弾力性やランダムさのフリー化が起きているのかもしれない。しかし、機械や人工物が発達し、人間が置き去りにされれば本末転倒であろう。人工的な環境と自然のハイブリッドの中で障害は組み変わることも確かなことであり、それは人間の身体の変数をどのように生きるかの意識の瀬戸際にある。そこに《障害の家》がある。

依存のネットワークは人に限らない。人間の住む家には何万もの生物が寄生している。すでにさまざまなケアは起きているのであって、人間の側の都合でそのような関係を断ち切っているにすぎない。「伴侶種」（ハラウェイ）のような概念もあるように、生物や動物から人間の住み家も捉え返す非人間的な家のアプローチも《障害の家》の視点になる。人間以外の生物は、人間とは異質な次元を生きている。例えばイソギンチャクやミミズはゼロ次元であり、点のようなレベルでの現実を生きており、昆虫や魚貝類から爬虫類、哺乳類になるにつれて次元が高度になっていく。こうした動物にとっての環境を建築化すれば、それは既存の棲み家とは異なる巣になるだろう。動物の巣から人間の建築を発想することもヒントになるに違いないが、それでも人間からみた動物の巣は動物の次元にはない。高度な次元から低い次元は見えないからであり、認識では超えられない壁がある。《障害の家》は、家の認識からではなく住む人の建築する運動によって既存の空間を組み替える視点があり、異質な次元へアクセスできるような関係性の構築を目指す。このため住み手の建築する行為とともにある。進化が環境との相関だとすれば、人間はその相関そのものを組み直すことも可能な視点をあわせ持ち、新たな環境のフォーマット化が可能である。ケアを通したそれぞれの未踏の住み家が《障害の家》の内実である。つながる相手の現実のメカニズムを踏まえ、相互に関係をつくっていくことができれば、異質なもの同士が異なる位相にいながらゆたかにカップリングすることができるだろう。この未知の共同性にある幹細胞にリミットはない。こうした関係の中に反復できるメカニズムがつくれるなら、それは新しい身体なのである。

ランダムフリー化はそれまでの健常と障害の関係を掘りくずし、変数としての身体におけるランダムネスを高める方向に向かう。バリアフリーとは別の仕方であり、バリアかバリアフリーかの二択ではない、健常者と障害者の関係ではない、ランダムへ向かうことによってつながりの弾力性を回復することだ。それがランダムフリーな社会へ向かうことなのである。

参考文献

百木漠『アーレントのマルクス─労働と全体主義』人文書院、二〇一八
ハンナ・アレント『人間の条件』志水速雄訳、ちくま学芸文庫、一九九四
クレール・マラン『熱のない人間─治癒せざるものの治療のために』鈴木智之訳、法政大学出版局、二〇一六
ティム・インゴルド『生きていること─動く、知る、記述する』柴田崇、野中哲士、左古仁志、原島大輔、青島慶訳、左右社、二〇二一
ティム・インゴルド『ラインズ─線の文化史』工藤晋訳、菅啓次郎監訳、左右社、二〇一四
パトリシア・ヒル・コリンズ、スルマ・ビルゲ『インターセクショナリティ』小原理乃訳、下地ローレンス吉孝監訳、人文書院、二〇二一
村田純一編『知の生態学的転回　第二巻─身体を取り囲む人工環境』東京大学出版会、二〇一三
柴田崇『サイボーグ─人工物を理解するための鍵（知の生態学の冒険 J・J・ギブソンの継承）』東京大学出版会、二〇二二
アマルティア・セン『不平等の再検討─潜在能力と自由』池本幸生、野上裕生、佐藤仁訳、岩波書店、一九九九
ベルナール・チュミ『建築と断絶』山形浩生訳、鹿島出版会、一九九六
綾屋紗月＋熊谷晋一郎『発達障害当事者研究──ゆっくりていねいにつながりたい』医学書院、二〇〇八
國分功一郎、熊谷晋一郎『〈責任〉の生成─中動態と当事者研究』新曜社、二〇二〇
ブルーノ・ラトゥール『社会的なものを組み直す─アクターネットワーク理論入門』伊藤嘉高訳、法政大学出版局、二〇一九
マーサ・C・ヌスバウム『女性と人間開発─潜在能力アプローチ』池本幸生、田口さつき、坪井ひろみ訳、岩波

書店、二〇〇五
十川幸司『フロイディアン・ステップ―分析家の誕生』みすず書房、二〇一九
ベン・グリーン『スマート・イナフ・シティ―テクノロジーは都市の未来を取り戻すために』中村健太郎、酒井康史訳、人文書院、二〇二二
レスリー・カーン『フェミニスト・シティ』東辻賢治郎訳、晶文社、二〇二二
アンディ・クラーク『生まれながらのサイボーグ―心・テクノロジー・知能の未来』呉羽真、久木田水生、西尾香苗訳、二〇一五
ジャン・ウリ『コレクティフ―サン・タンヌ病院におけるセミナール』月曜社、二〇一七
『思想』二〇二一年一〇月号、岩波書店
ミッシェル・セール『小枝とフォーマット―更新と再生の思想』内藤雅文訳、法政大学出版局二〇〇六
シモーナ・ギンズバーグ、エヴァ・ヤブロンカ『動物意識の誕生（上）―生体システム理論と学習理論から解き明かす心の進化』鈴木大地訳、勁草書房、二〇二一

1.

Grow up!! Artist Project 2014 報告会

会　　期―二〇一五年二月一三日―二月一九日
主催・会場―アサヒ・アートスクエア
協　　賛―アサヒビール株式会社
出展作家―大崎晴地、毛利悠子

《障害の家》プロジェクトを始動するにあたっての展示およびゲストを呼んだトークによるイベント。《障害の家》の複数のアイデアをドローイングと模型、図面、テキストで構成した。大崎自身の過去の体験型の作品も合わせて展示。また会期中、《障害の家》とは何か？をゲストを交えて考えるトーク（全4回）を開催し、今後のプロジェクトの展開を検討した。当日は建築関係者も多く来場し、建築説明会とアートが交差する企画となった。

《障害の家》プロジェクト
協賛：ケイミュー㈱／㈱安井建築設計事務所／アイカ工業㈱／㈱総合資格／㈱ユニオン
設計協力：笠島俊一　設営協力：上原耕生、Elsa Marc　撮影協力：井上幸穂、金川晋吾
詩・協力：井上幸穂

〈展示内容〉
《エアー・トンネル》｜布、サーキュレーター｜2013年
《ラファエルの暗箱》｜ミクストメディア｜2006年
《障害の家》プランニング｜図面、模型、ドローイング｜2015年

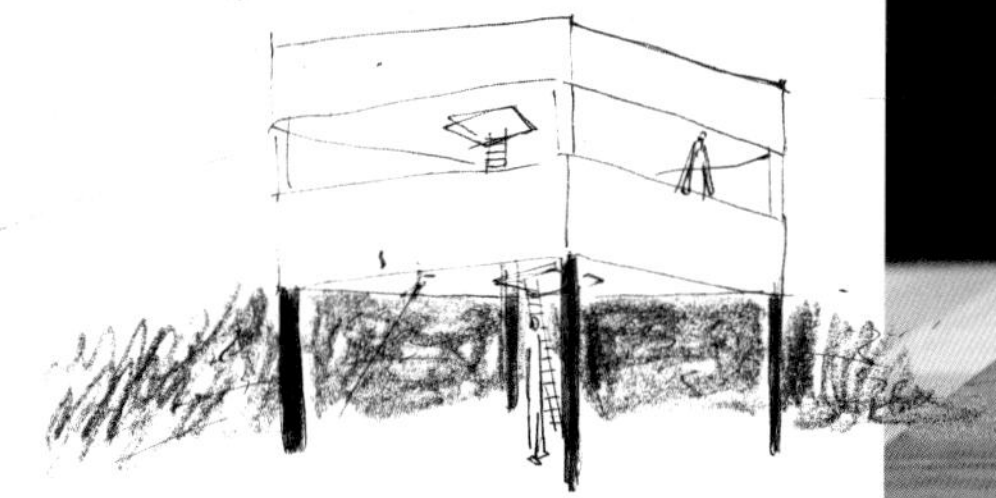

消える柱

ピロティを支える柱が消えてしまっている。
樹木そのものでできた柱は、周囲の木々と混じり合い、
森と同化し、柱と木々を判別することはできない。

森の中に、ピロティが浮かんでいる。家の重力が変化する。
取り外し可能な梯子をかけ、
空に開いた穴に向かって、梯子を登っていく。

聴こえない壁

ノイズが充満している空間に聴こえない壁を作る。
壁を通過する時に、ノイズは消え無音になる。
無音の壁という障壁を作ることによって、
点で拡散する音を面としてとらえる。
聴覚的に空間を構造化し、聴覚で空間を把握する。

あるいは、音をレイヤー化した部屋で、左右で違う音楽を鑑賞する。
同じ部屋にいながら姿勢の違いで別の音楽を聴く。

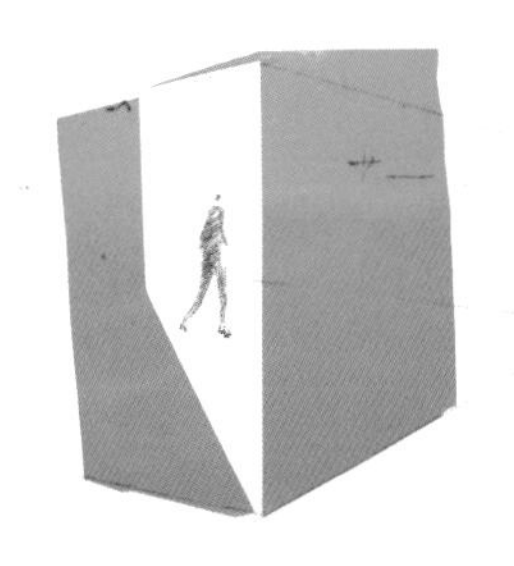

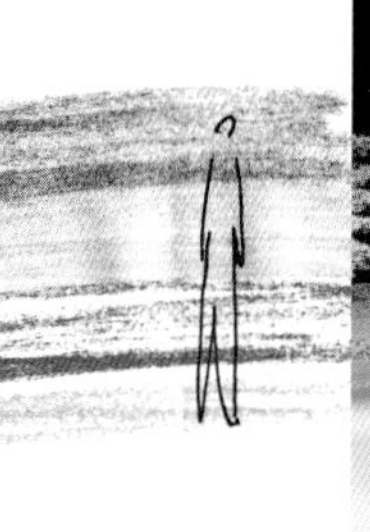

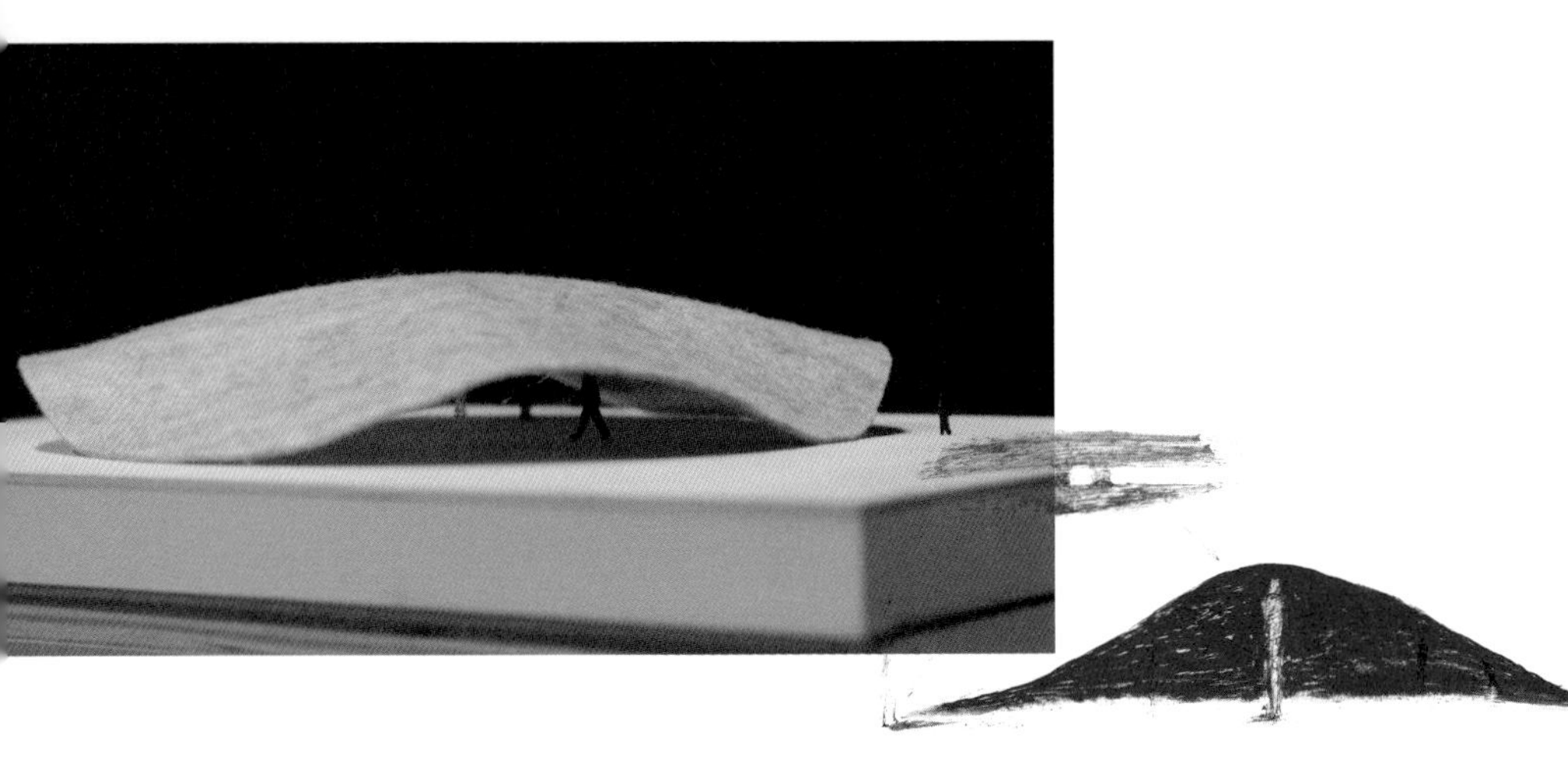

帽子の屋根

帽子を被るように空間の中に入る。
フェルトなどでできた柔らかい帽子のような空間に身をかがめて入り込み、
中心まで進むと、そこは背丈ぐらいの高さがある。
周囲を見渡すと、帽子の外からの光が地平線を描いている。
空間の中心は一番薄暗い位置だが、遠くの光が内部を柔らかく照らしている。
帽子のつば付近に立つ人の影によって、外の気配を感じる。

家の中に山

家の中に入ると大きな山がある。
山を大きな家で囲う。自然そのものを囲う。
いつしか家は生い茂る樹木で満たされ、
家を部分的に改築、修復することによって、
森と家、自然と人工物のやりとりが生まれる。

迂回路

エレベーターが3基ある建物。
エレベーターは各階に止まらず、迂回しないと目的地に辿り着けない。
散歩するように迂回する。建物の中を回り道する。

近いのに繋がっていない、もしくは遠いのに繋がっている。
上下の空間を移動するのに距離がある。
距離感の変容がリズムとなる。

端のない家

隅や端をつくらない家。
部屋を可動式にし、中心あるいは周辺をつくらず、
常に部屋の配置を再編成していく。
家は変形を繰り返し、展開し続ける。

空間自体にも端がない。
端は建築によって配分されたものに過ぎない。
空間にはリズムを持った運動だけがある。

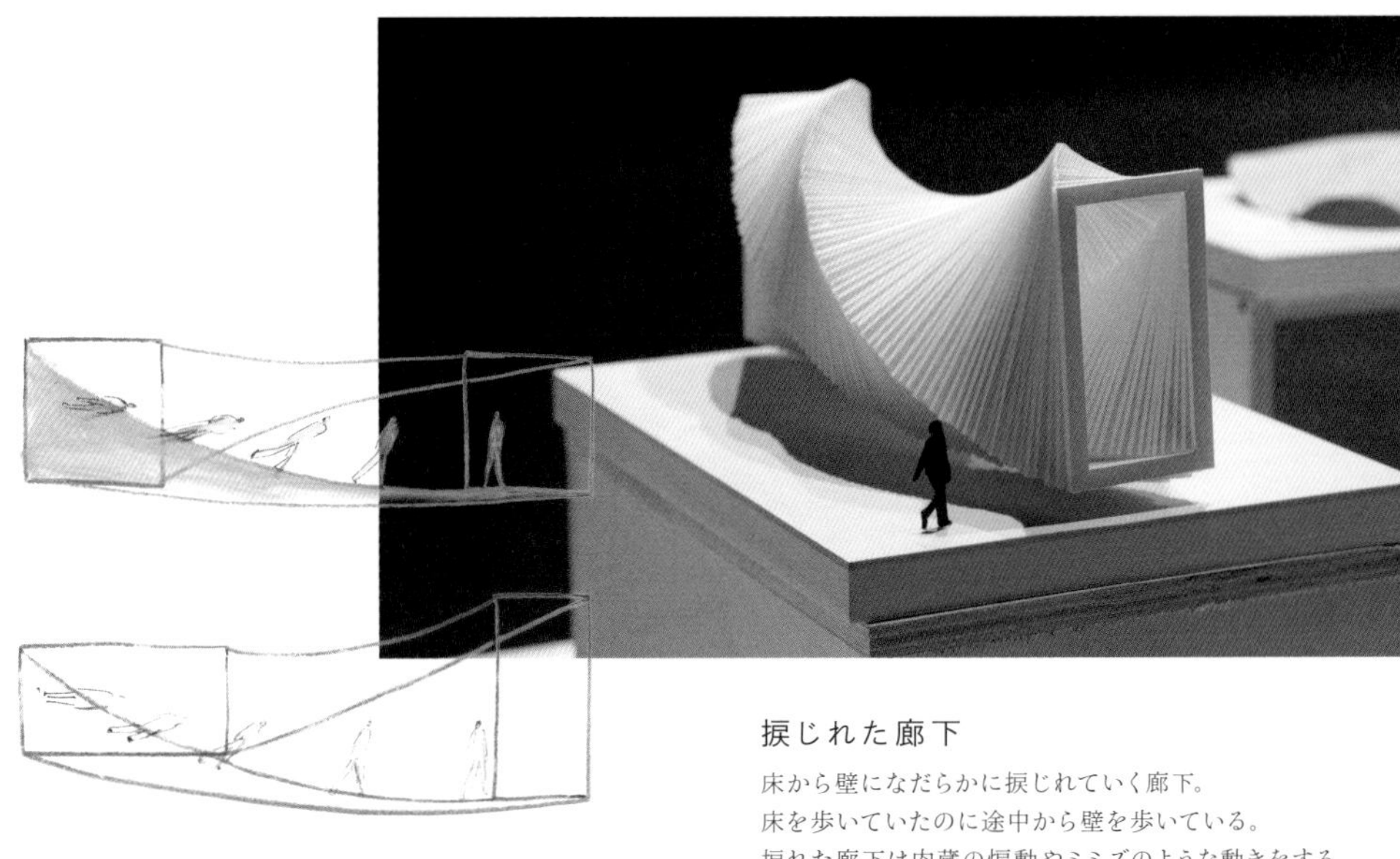

捩じれた廊下

床から壁になだらかに捩じれていく廊下。
床を歩いていたのに途中から壁を歩いている。
捩れた廊下は内蔵の煽動やミミズのような動きをする。

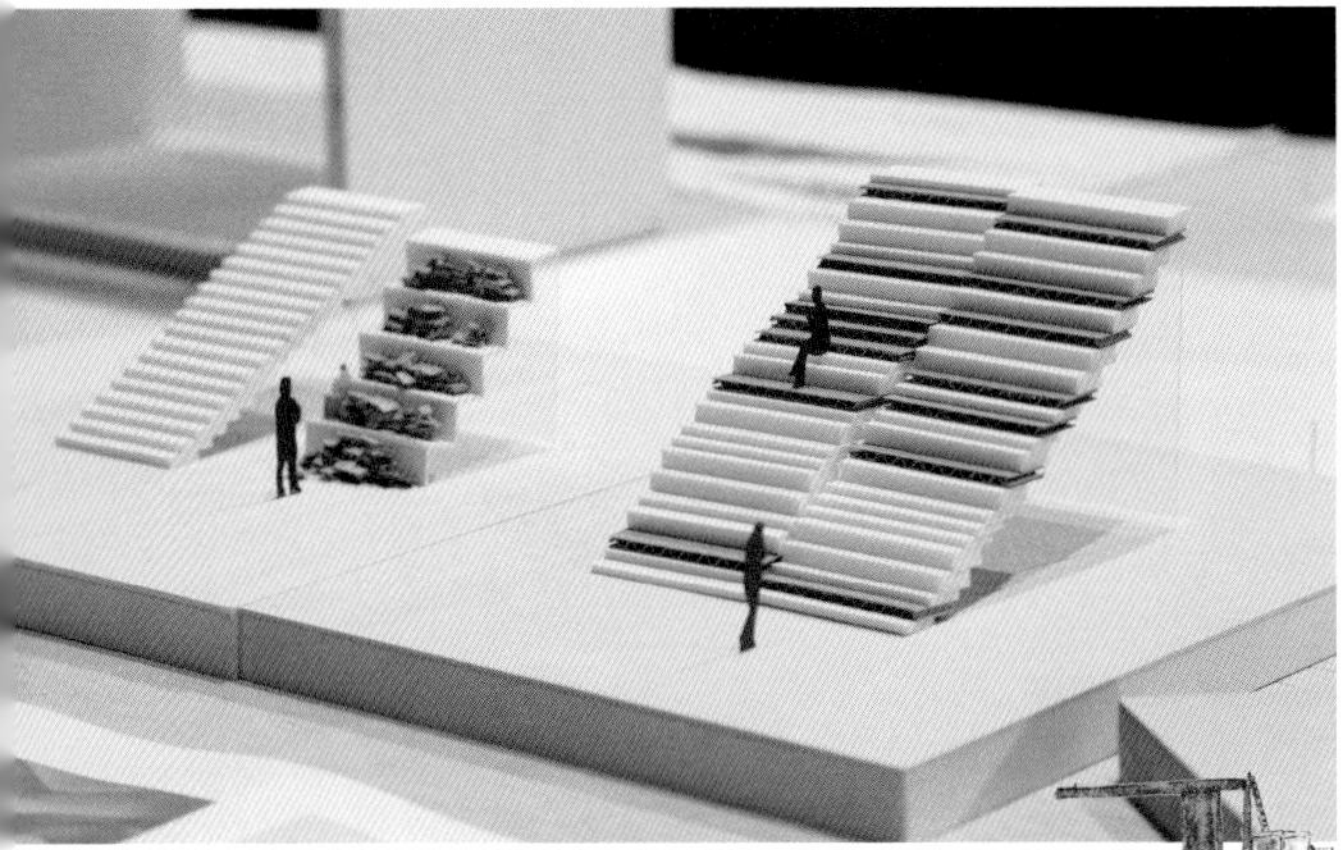

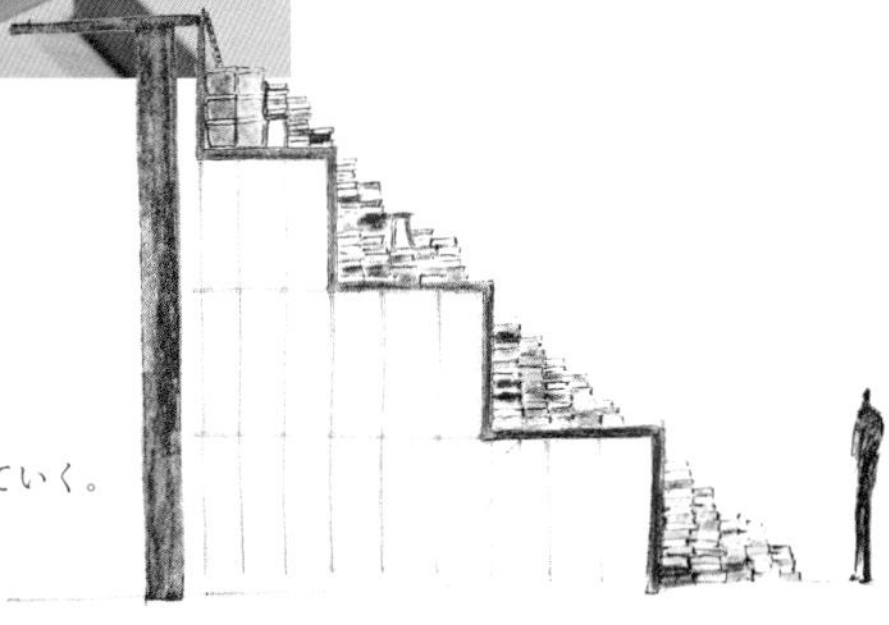

継ぎ接ぎの階段

使い古しの階段を集め、繋げていく。
規格サイズの階段やオーダーメイドの階段など
様々な種類の階段を繋げることで段差が異なる階段が続いていく。
階段の平均的な高さは21–22センチ。
その暗黙のリズムを崩してみる。

あるいは、自分自身で何か厚みのあるもの、
例えば本を積み上げて、階段をつくりながら上っていく。

うずくまる家

家そのものがうずくまっている。
45度に傾いた家は、傾斜した床と壁面で構成されている。

屋根から家に入り、壁をボルダリングで移動し、家の奥へ進んでいく。
上へ下へという感覚を持ち得ない構造によって、
住む人の身体運動が活発化する。

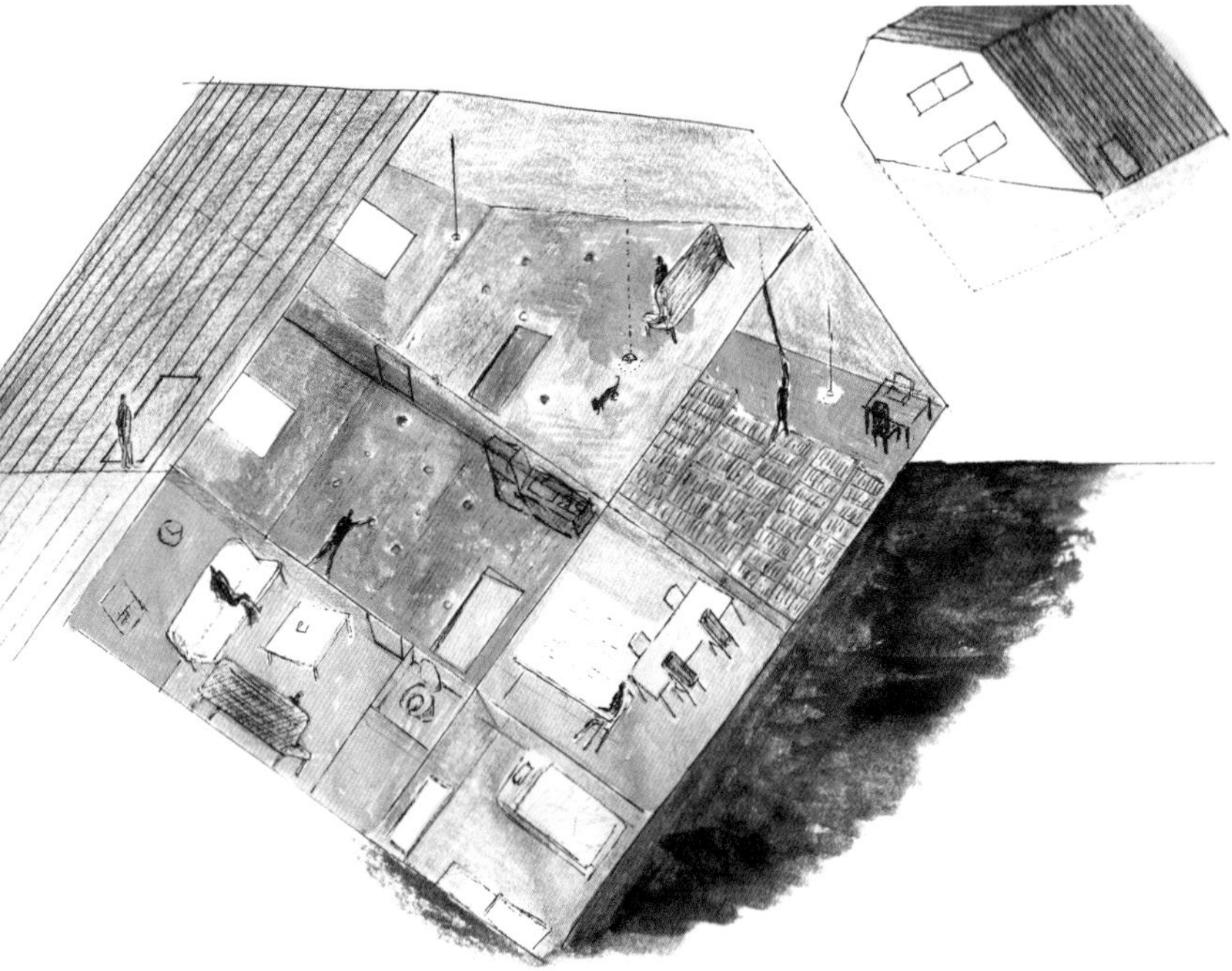

雨漏りする天井

家の中に雨が降る。
雨のしずくが3階から2階を通過し1階まで落下する。

屋根は傘のようなものであり、
晴れていても家は傘をさし続けている。
発達障害の人が仮に傘をどこでも手放さない場合、
それは家の中に留まる感覚に近いのではないだろうか。

中層

空と地面の間、地平線の形を模索する。
空と地面の間を「中層」と名付け、
「中層」を人の視線の高さに設定する。
空と地面を分ける境界を人工的につくる。
遠くにある地平線を引き寄せ、心の中につくり直す。

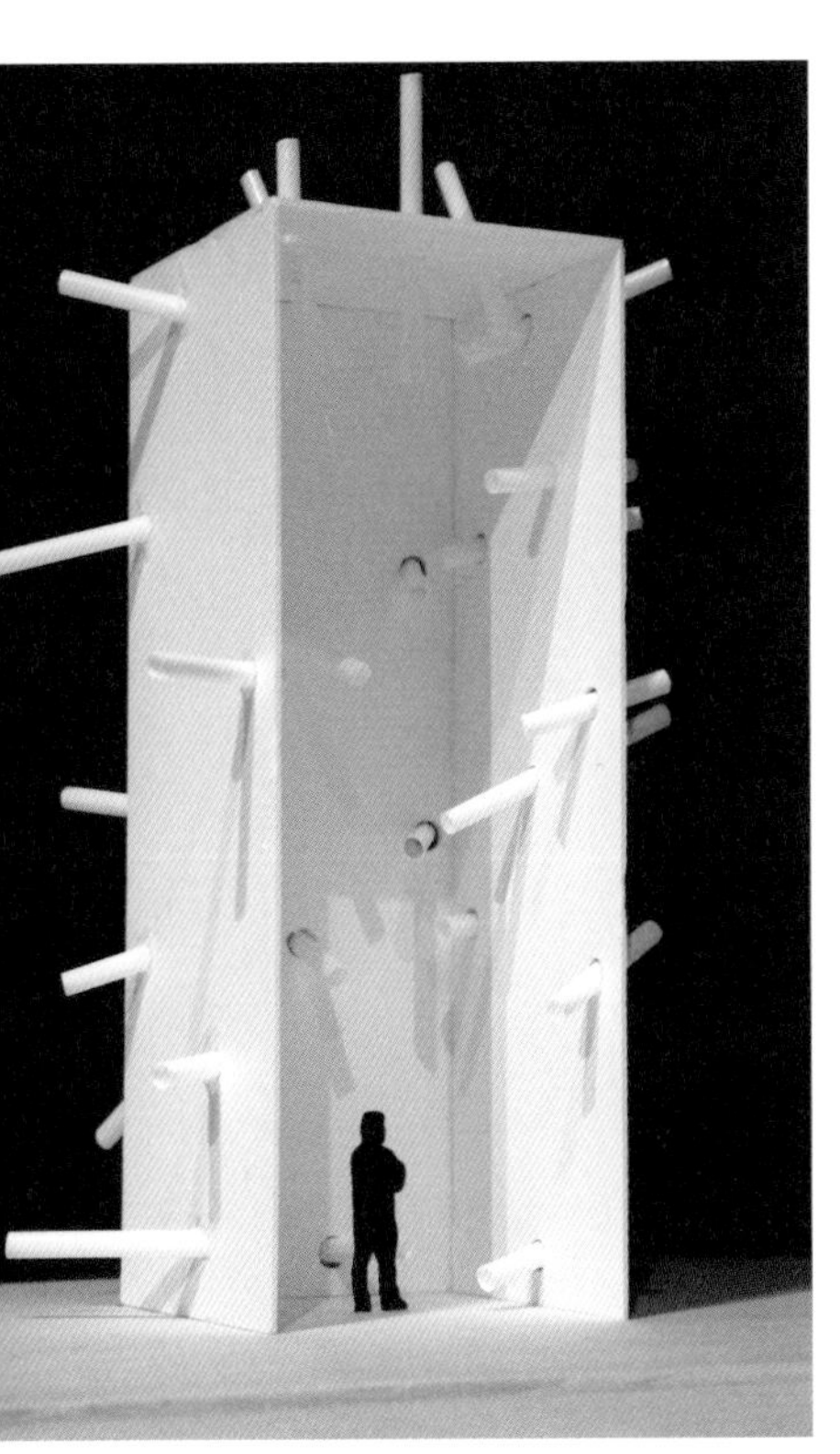

楽器の家

家に突き刺さっている管が風の通り道となり、パイプの音が響く。
壁に穴が空き、外から風が吹き込むことで家が楽器になる。
何人かでからだを使って穴を塞ぐと、音が鳴り、音が変わる。
体操のように見えるからだの動きによって、身体的合奏を行う。

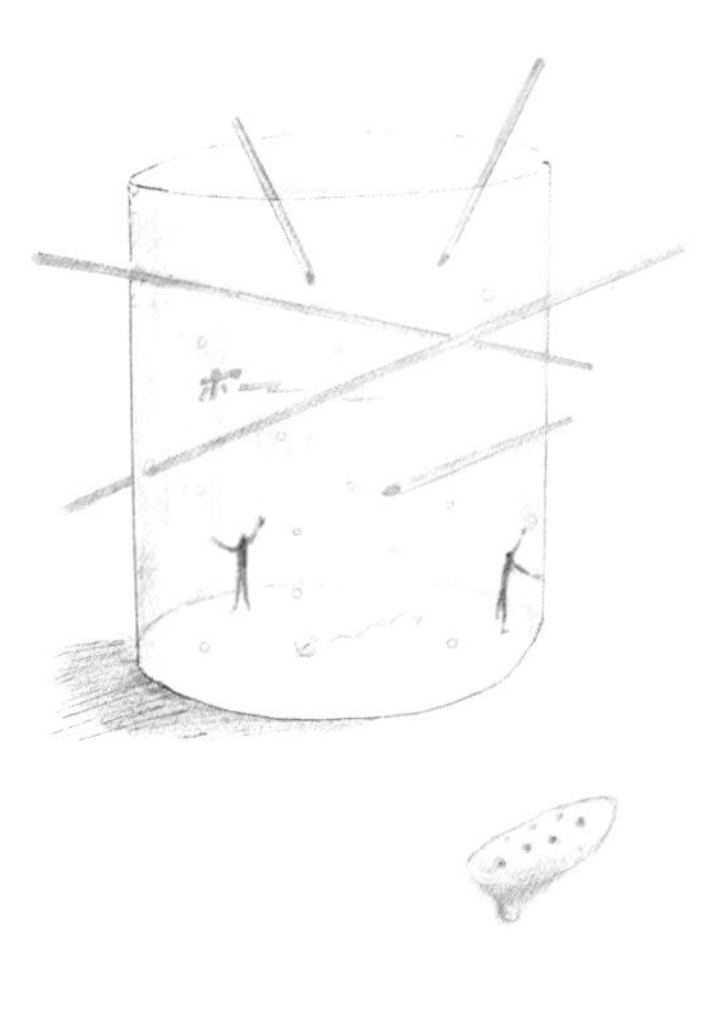

軋む床

からだを傾けてバランスをとりながら、床をギーコーと鳴らす。
床が軋む音を聴く。家そのものを感じとる。

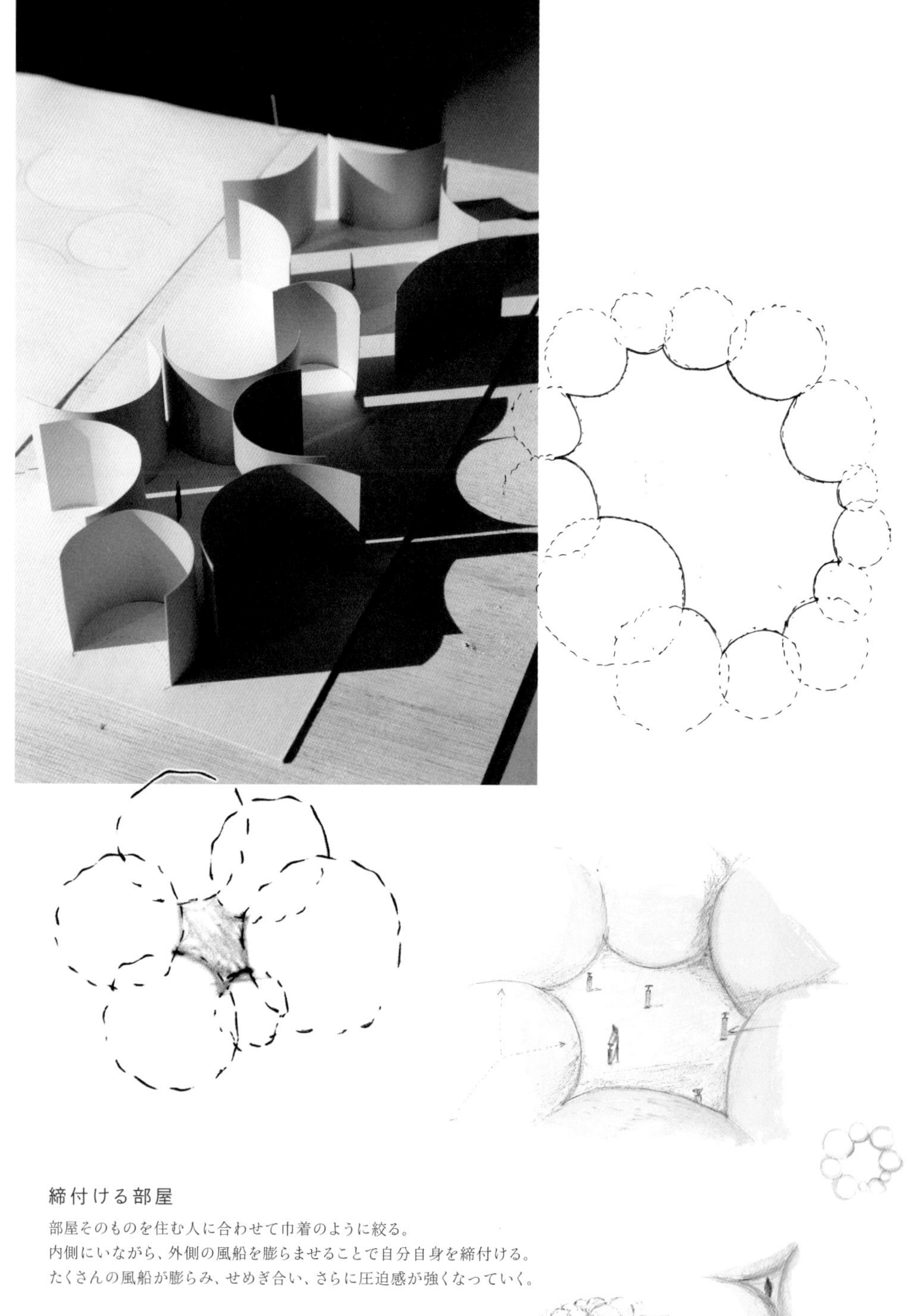

締付ける部屋

部屋そのものを住む人に合わせて巾着のように絞る。
内側にいながら、外側の風船を膨らませることで自分自身を締付ける。
たくさんの風船が膨らみ、せめぎ合い、さらに圧迫感が強くなっていく。

暴走性をはらんだ建築はできるか

池上高志
毛利悠子

バリアフリーとは別の可能性

大崎晴地　《障害の家》というタイトルについて、最初に少し説明させてください。障害に対する考え方として、一般的なのはバリアフリーではないでしょうか。これは目が見えない人や耳が聞こえない人のために点字ブロックやスロープをつけるなど、平均的な社会に合わせようとすることです。それに対して発達障害や自閉症の人は、目には見えないバリアを感じています。僕は、そういった人たちにとってのバリアフリーをどう提示していくかがこれからの課題だと考えています。そうした社会的な実践も含めたアートプロジェクトであるところが第一番目のタイトルの由来です。もうひとつは設計するプロセスにおいて、何らかの出来事が発生することを求めて、欠陥住宅、家の障害をつくるような行為を行なっている。それがもうひとつの由来です。新しい経験が起きるような建築をつくるとはいかなる設計行為なのかを考えています。

そうしたときに、池上さんが研究されている人工生命において、自損していく、暴走していくような人工物のあり方が《障害の家》と共通する部分があるのではないかと思い、今日お呼びする運びになりました。

池上高志　ユニバーサル・デザインの研究者から、駅のホームから転落してしまう目の見えない人が毎年五〇人ほどいると聞いたことがあります。だから、障害を持つ人が健常者と同じ行動がとれるようにまずデザインすべきだという考え方を否定はできません。そうすると、まずは健常者のレベルに障害者を戻そうとするわけですが、障害を持つ人は何かができない分、別のことにアドバンテージがあるかもしれない。そこを展開するようなデザインが生まれたら面白いですよね。「ダイアログ・イン・ザ・ダーク」という、視覚障害者の人に連れられて、真っ暗闇の中をみんなで歩く体験施設があります。非常に怖いだろうと思って行ってみたらば、最初は怖かったけれど一〇分くらいですぐに慣れてしまいました。暗闇の中で、ものを食べたり橋を渡ったり、人と喋ったり。そういうことをするうちに、目が見えないのはハンディキャップなんだけれども、ふだんとは全然違う知覚世界が広がっていることに気づいた。それは何かが欠損してるのではなく、違う体験がどんどんつくられる感覚でした。そのことをベースにすると、バリアフリーではなくて、その人の知覚に合う時間と空間をフォーマットすることが大事なんですよね。空間だけではないし時間だけでもない。荒川修作さんの《三鷹天命反転住宅》でも、時間と空間をどうやってフォーマットするかを投げかけていると僕は考えています。

高次元の世界から見た三次元の建築

池上　今「空間」と言いましたが、実は人間の脳は三次元空間にアダプトするようにつくられていないかもしれません。神経細胞のつながりによっては、三次元ではなく四次元の世界が見られるかもしれない。二次元の世界は三次元からも見えますよね。この世界は複雑にできていますが、一つ上の次元から見ると、非常に簡単に見えることがあります。だから四次元の世界の投影だと思って建築をつくれば、もっと簡単にできるかもしれません。

三次元以上の世界について少しつけ加えておきます。右回転している物体と左回転している同じ物体の重さは違うでしょうか。ものの回転と重さは関係しないはずですから、同じのはずですよね。ところが、右回転させたほうが軽くなるという研究論文があります。これをきっかけに大論争が起きました。空間と時間の流れは、アインシュタインの一般相対性理論で関係づけられている。ところがその方程式が回転対称性に対して破れているかもしれない。僕らは暗黙のうちに、右に行っても左に行っても空間は同じだと思っていますが、本質的な意味で空間の対称性が壊れているかもしれない。しかしそれに気づいていない。アインシュタインが相対性理論をつくったときは世界は四次元だとされていたけれど、いまはもっと次元があることがわかっています。二次元の生き物が三次元の箱をつくれないように、次元が上がるとどんな世界なのか、我々は想像がつきません。そう考えると、僕らが三次元の世界を見ている意味をもう一度考え直さなくちゃいけない。本当は三次元ではない可能性が高いから。

僕が研究している人工生命の分野では、高次元のものを見れる生物をどうつくるかを考えています。ゾウリムシはセンサーが皮膚に付いていて、動き回ることによって周囲を感知しています。僕ら人間は音や光、空間の広がりを感じていますが、ゾウリムシはもしかするともっといろいろなものを感じているかもしれない。それがその空間におけるその生物にとってのアフォーダンスです。これは物理的な三次元性とは別の次元の問題としてある。大崎さんは、物理的に与えられた空間の次元とは別に、別の空間の次元を考えようとしているように見えます。その空間が本当に一〇次元かどうかは実は問題ではなくて、それを知覚するために一生懸命考えると一〇次元でなくてはならないような行動をとってるってことですね。

大崎　四次元ぐらいまではなんとなく理解ができますが、それ以上の次元になると、視覚では表せない。でも身体には高次元の変化を知覚するという働きがあるようですね。だから視覚では感知できなくても触覚では感知しているのかもしれません。

高次元から見える低次元についても、とても関心があります。《障害の家》も知覚できるレベルで障害を考えるのではなく、高度なところでの設定を考えたいです。

池上　そのためには、ビッグデータを扱えるようになった時代に定量化できないものをどう考えるかが大事だと考えています。アルゴリズムは定量化できるものを扱わざるをえない。人工知能を考える際に何も差し挟まなくても全部プログラムでできるんじゃないか、そうすると二〇四五年に人工知能が人間を超えるかもしれない、それがシンギュラリティの問題です。たしかに、二〇四五年はアルゴリズムで世界をつくっているかもしれないけれど、そうじゃないとすれば、定量化できないものが厳然としてあるはずです。

歴史とか文化とか、計算できないものが世の中に存在している。誰がいつ何をしたかという年表を書いたところで、それは文化とは言えない。そこには語り手の喋り方とか見方そのものが関係してきます。それがアルゴリズムを開いていくということだと思う。

大崎　そのときに機械が計算できないはみ出してくるものとして、例えばチューリングの停止問題なんかも関係してくるでしょうか。

池上　停止問題が一番激しい例かもしれないけれど、コンピュータは珈琲をかけただけで動かなくなっちゃう。人間に珈琲がかかっても熱いって感じるぐらいですよね。その差が結構大きいと思っていて、コンピューターを止めるのは簡単だけど、人間はそんなにすぐには止まらないでしょう。コンピュータが人間的にならないのは、壊れやすいところもあるわけですよね。

大崎　そうですね。人間の場合は死に対する不安とか、ハイデガーのいう存在の哲学のように、ある意味で停止問題に対する感情がありますよね。コンピュータにはそういった感情がないから、停止に対するプログラムもできない。人間が病気になるっていうのはそういった矛盾を含んだ状況に立たされていて、それが顕在化したときに精神病を発症するのかもしれません。

暴走するアルゴリズム

池上　大崎さんがつくっているものは僕どれもすごく面白いと思うんだけど、これを意図したとおり動くようにプログラム言語で書こうとすると難しいですよね。つまり実際に投げ出してみると動くんだけどれど、設計上はどうやって動くかわからないものって世の中にいろいろある。それが開いていくアルゴリズムっていうことです。生物の場合は、どうなるかわからないことをどこかに内包しているのが大事で、だからこそ投げ出したときに面白くなる。実際につくったAIは、考えた通りにしか動かないところが多いわけですね。エージェントモデルなんてそういう見本みたいなものです。想定したことだけが起こるってことになっちゃう。ただし想定をはるかに超えていくようなことが時々起こって、それが何のパラメータかわかんないけど、こういう建築の場合はその余地がはるかに広くって、歩くと人が転げてしまうみたいなことが起きうる。

大崎 小規模なデザインであれば行為に対するつくり手の目的が強く出てしまうのに対して、建築の規模であれば行為を包囲する空間そのものに対する無意識をつくれる可能性を秘めているのかな。

池上 「暴走すること」についてはどう思います？　僕は暴走するプログラムや暴走するアートをつくりたいと思っているし、どこかでそれが狙いでもある。アルゴリズムをアートのコンテクストで持ってくるのであれば、必ずどこかにその暴走可能性がなくちゃいけないと思っています。

大崎 そうですね。心地よく暴走するための機械として建築があると思います。

池上　止まらなくなってしまうポテンシャルを内包していないと面白くない。そうでなければ人間がすごく整理してつくっていることになってしまう。暴走可能性を織り込んでつくる建築のデザインやアルゴリズムがあると思います。ＹＣＡＭで《Mind Time Machine》を二〇一〇年に展示したときにも、どうやったら暴走しうるかを考えていた。ただ、アートが暴走するかどうかでいえば、どこかでその暴走を止めるような環境のコンテクストが同時にある。それがなければ単に狂ったシステムになってしまうので。なんとなく優しい感じがするのは、暴走しそうなところで止めているところにあると思うけれど、もともと暴走しないシステムだったらば、僕としてはあんまり面白くない。暴走するけどそれをどっかで止めているからこそ、生きたシステムになれる。それは危なさって言ってもいいかもしれないし、制御ってことかもしれない。全部が確定することはありえないから、全然わからないものをコントロールするためには、すべてをわかっていなくてもいい。三、四ヶ所、こっちもいろいろわからないものを組み合わせることによって何か知らないけどうまく動いちゃう、暴走しないで済んでいるような状況が生まれるようなシステムを構想してやんなくちゃいけない。

それは何だろうと考えるところが人工生命の基盤であり、ホメオスタシスなどはそのひとつだろうと思います。世界が化学反応で溢れてしまうところを、人間の体はなんとか生命のかたちをとれていて、壊れないでいる。成分をつくりすぎてしまうわけでもないし、全部急激にゼロになっちゃうわけでもなくて保たれている。その不思議さ、暴走性をはらんでいなければ、機械になってしまう。そのことをメタファーとして建築に使えるはずと僕は思っています。だけどほとんどのアートや建築は暴走する危険性をはらんでいなくて、作者性の上に乗っかってしまっている。大崎さんの

《障害の家》の構想はどこかに穴が空いているから、暴走しそうな可能性をはらんでいる。そういう観点から眺めたら面白いかなと。

大崎 バリアフリーの問題に引き寄せて話すと、住民のことを考えて設計しようとすると、ある意味手厚く管理するようになり、逆に家に住民をはめ込んでしまう。住民の環境、行為の自由度を制御する感じになるわけですよね。むしろまったく乖離していたほうがバリアは生じるけれど、住民にとっては自分自身のいきいきとした生活とか感覚の生成につながっていける可能性がある。だから作者の位置と観客の位置をどう問題設定していけるかはアートにしても建築にしても単純化できない。

池上 言い換えるとバリアをフリーにしたら何をできるのか、ということでしょうか。制御する場合も、相手（人間）がプログラムされたものでない以上、どこを触ったらどう反応するかはよくわからない。そういうのが僕はバリアフリーの基本だと思うけれども。今回一緒に展示をされている毛利悠子さんの試みも、別にアルゴリズムはないですよね。ふつうであればありえないような、動きながら音をつくり続けるようなシステムで、それは計算できない。

僕らの言葉で言うと、それはナチュラル・コンピュテーションとか、テーミング・コンプレックス・システムですね。これはもともと複雑なシステムをどうやって飼いならしたらいいかを考えるもので人工生命の要です。飼いならせないまま逃げていってしまうもの、飼いならす必要のないものもある。でもギリギリで飼いならせるものがあって、その辺を僕はやろうとしている。《障害の家》

の場合もそういうコンテクストで考えてはどうでしょうか。人間だってすごい複雑なシステムですよね。人間自身がちょっと考えてなんとかなるものではない。でもシステムには必ずツボがあって、そのツボを考えなくちゃいけない。アフォーダンスはそのツボの存在について語ってるもののひとつだと思う。

霧を濃くする方向に向かっていく

大崎　人工生命だと、自律するシステムが環境にどう対応していくか、自然とどう向き合うかに暴走性が含まれうるのだと思うんですが、《障害の家》は人と家の関係に自然という変数があると思っています。そこにいくつか障害に対するアプローチがあります。それは住み手の側の知覚の障害だったり、家に穴が空いていて外から風が吹いて来るといった、家そのものの障害だったりする。もしくは、家が津波にさらわれることも障害といえます。自然は多様だからどこで何が起きるかわからない。そういった想定外の事態を許容しうる建築があるかを考えたい。

池上　それはまったくその通りなんだけど、僕が言ってるのはちょっと違うんですよね。南方熊楠という博物学者は粘菌の研究者として知られていますが、お寺の祠の向こうに青い旗が立っているのが見えて、それを触ったら新種の粘菌が見つかったというエピソードが残っています。そんな馬鹿馬鹿しいことあり得ないと思うんですが、一方でものをわかるとはそういうことしかないと僕は思うんです。

数学や物理で問題が解ける時、その人自身にはあらかじめ答えがわかっていて、その答えに接近すべきアルゴリズムを生成することがありますが、デザイン・プリンシプルにおいても、熊楠の青い旗のようなものがあるんじゃないかと僕は思うんです。

だからさっき大崎さんが言ったことはわかるんだけど、多様性とかその制御のためには、もうちょっと怪しさが必要なんじゃないか。あまり考えすぎちゃうと、コントロールされたものってのはたかだか知れてしまうところがある。

もうひとつの例を挙げますね。棋士の羽生善治さんは、何手先も読んで打っているように感じますが、実際に聞いてみると五手先ぐらいなんだそうです。将棋は、矢倉囲いのようにはじめの打ち方はいくつかパターンがあり、終わりも詰将棋と同じようなもので、王を取れる場所から逆算して打っていく。勝負はその中間で決まる。羽生さんはその時、自分も相手もどうしたらいいかわからなくなる場所に手を指すそうです。霧が濃くなる方向へ指しているうちに徐々に霧が晴れてくるのだという。これはさきほどの話とつながるところがあります。霧を増やすことをエントロピーを増やすと言って、これが結果として生き物らしく、面白いものをつくり、そして制御を可能にしてる気がします。

ウィリアム・ロス・アシュビーという科学者が「必然性としての多様性」という論文を約五〇年前に発表していて、そこで複雑系のシステムをテーミング、飼いならす方法を提案しています。それは相手が複雑だったらこっちも複雑さを増やさなくちゃいけないという説です。

障害者には何かが不足しているのではなくて、制御できない部分があると考えてみる。そうすると、むしろ制御の方法を増やすような、かえって危なくなるような方向をつくることによって、実はうまくいくことがあるんじゃないかという可能性については、大崎さんはどう思いますか?

大崎　選択肢を増やすということですよね。

池上　普通は選択肢を増やすと駄目だっていう考え方でしょう。迷うようなことは困るわけだから、サイネージもわかりやすくなるし、バリアフリーっていうと誰でも行けるように凹凸もなくなる。かといって、健常者の視点から障害者のことを考えればいいというわけでもない。爆笑問題の太田光さんと盲ろう者のバリアフリー研究者である福島智さんがテレビで対談したとき(『爆笑問題のニッポンの教養』)、福島さんにとっては見えない/聞こえない世界が前提であり、見える/聞こえる世界を想像しようができないと話していました。まさにそのとおりですよね。我々も自分たちの世界しか想像し得ない。だからむしろその不確定なもののままに、不確定数を増やすような制御理論を新しくつくれないかと考えているのが、ALife(人工生命)です。むしろ全員にとって危ない状態をつくることで、障害がある人がうまく生きられるようなことができないか。

荒川修作さんは、凸凹して転んでしまいそうな床やリビングからトイレまで二〇分かかるような住宅を考えていましたよね。不便で、全然優しくない。でもそういうところのほうが生き生きするんじゃないかと逆説的に言っていた。だから大崎さんが《障害者の家》をつくるときにも、その観点が落ちてしまったら、上から目線的なものになってしまいかねない。不便さが強調されるからこそ、もっとより生命的になれるような、死ななくなるような建築というものが可能かということを語らなくてはいけないと思います。

大崎　最初に話されていた駅のホームの話に戻ると、落ちるのはたしかに危ない。そこを別に否定しているわけではなく、その手前で壁をつくらずに電車が来ても落ちないようにするにはどうすればいいかという可能性はあり得ます。ただしその時に倫理的な問題が出てきて、現実的、社会的なバリアフリーの問題に縛られてしまう。《障害の家》の危険性を指摘された場合、どうクリアするかは非常に難しいです。でもバリアフリー化に対して、バリアに向かう方向から考えていくデザインは、人間の生活を根本的にゆたかにしていくに違いないと思っているんです。

複合体としての建築

池上　毛利悠子さんの《モレモレ東京》が対象としている地下鉄の水漏れ現場だって、普通は漏れていたら嫌でしょう。だけど配管を直すのではなく、近くに別のパスをつくることを面白がっているわけですよね。直すのではなく別のパスをつくる方法についての考え方は大崎さんのプロジェクトとも関係が深いと思います。デザインとは不便さをなくすのではなくて、全然違うパスをつくれるかどうかなのではないでしょうか。

毛利悠子　むかし池上さんから、青森県六ヶ所村にある閉鎖型生態系実験施設（CEEF）のことを教えてもらったことがありました。人間という生命を維持するために何が必要かを検討するための施設です。話を聞いていていてその施設を思い出したのですが、大崎さんがやりたいことって、じつは閉鎖的な環境に蟻とかアブとか、よくわからないバグとタンパク質を放り込んでみたら、三ヶ月後にすごい構造体ができている、といったことなんじゃないでしょうか。

今回、ここで見ることができる模型は建築というフォーマットに落とし込まれていて、少し違和感があるんです。というのも、コンセプトを読まずにパッと模型だけを見た人には、型どおりの建築の延長線上にしか見えないかもしれなくて、それがもったいない。大崎さんが考えているのがかたちになる手前の渾沌とした状態なのだとすると、建築にしちゃうのは違うのかもしれないな、と。模型を見ると、つい実現するといいなと思ってしまうけれど、もしかすると別にしなくてもいいのかもしれません（笑）。大崎さん自身は、最終的なアウトプットを建築というオブジェクトにしたいわけなんでしょうか。

大崎　そこはまだわからないところなんですよね。デザインすることと、そこから漏れてしまう異質なアートとの間で齟齬が生じているところがあって、既存の生態システムがそこにあるとか、閉鎖実験棟の中で生まれうる予想外のダイナミズムとか、そこにヒントはあると思うんですけど。

池上　最終的にどういう状態になるのが良いと思います？　健常者みたいに迷わないような、便利になればいいという感じですか。何にも苦労なく暮らせれば良いという？

大崎　いえ、そこから変わっていければいいと思っています。

池上　なるほど。欠けてる部分があるからこそ変わっていけるわけですから、欠けている部分を埋めるような方法ではダメですよね。

大崎　毛利さんが例に出した閉鎖実験棟で言えば、時間が経過して、未知の昆虫が出てくる状態まで含めて建築というものを考えてみたいのです。建築というものの持つ意味合いをもっとメタに捉えて、複合体としての「家」を考えたい。もっといえば、家という言葉には比喩的な意味合いも含まれています。そこも含めて考えたいというか。

毛利　今回、報告会で模型を提出されたということは、やっぱり物理的なアウトプットをしたいのかなとは感じるんです。展示されている模型はとても具体的ですよね。そういった模型のかたち一つ一つと、大崎さんの考えている「家」という言葉の再定義といったこととのつながりが、まだ私には見えてこないんです。例えば、もうちょっとドロドロしたアメーバ状のものがテーブルに置いてあったほうが、逆に説得力があったかもしれない。

池上　かたちになる前の状態を展示しているのが毛利さんで、形にしようとしているのが大崎さん、だからこの企画が成立しているんじゃないでしょうか。本当は二人で合作すればいいと思うけど。わけのわからない、決まってない部分ばかりでは、建築にはできない。

毛利　それはそうですね。

池上　研究では確定していない部分と確定した要素をどう結びつけるかが難しい。実験段階では、人が入ったときにどうなるかを予測できないですが、なんというか、自分で直せる部分をどうつくるかですよね。毛利さんは、はじめて地下鉄の水漏れを直している現場を見てびっくりしたと言っていましたよね。

毛利　渋谷駅での話です。メンテナンスは駅が閉まった深夜に行なわれるので、直しているところはなかなかみられないんですが、たまたま大雨の日に渋谷駅を通ったら、あっという間に直している現場に遭遇しました。

　手仕事が得意でなくても意外とできそうな作業で、人間のたくましさを感じたんです。養生テープでペットボトルやホースを貼ったりしてて、漏水を何とか食い止めようとする原始的な本能があった。水が漏れたり火事が起きたりした時、人はとにかく何か行動をしますよね。その痕跡が、ものをつくるうえでリッチな情報になっていると感じるんです。

《障害の家》と「モレ」

池上　水漏れの修復現場を見て、アート作品として出せると思ったことがアーティストとして偉いことであって、普通はそうは思わない。ただ通り過ぎて行くだけです。それがアートになると考える余地があったことが面白いと僕は思います。

ものをつくろうとした時、ブリコラージュでやろうとするとうまくいくことがありますよね。進化もブリコラージュだと言われているように、最適パスを通らずに、その場であるものだけでつくった結果進化するということがある。だから先ほど言ったような、穴が空いているアルゴリズムが大事なんです。

大崎　水漏れという固有の特異点みたいな部分に着目して、そこに作家的な行為、ブリコラージュ的に対処したところに建築みたいなものができてくる。その特異点をどこに設定するかが現時点の《障害の家》なのかな。壁とか床とか、あらかじめある建築言語から考えるより、例えば雨漏りとか軋みとか、違う特異点から考えていこうという。

池上　染み出たり、軋んだりしているような、壊れているところに着目するということだよね。雨漏りすることを使ったり、途中で音が凄く反響しちゃっているところをうまく使うとか、エレベーターが途中で止まらないところをうまく使おうとか。それがアートと建築の違いかもしれません。
　情報のゆたかさを殺さずに制御することができるはずですよね。それがアシュビーの「必然性としての多様性」であり、荒川さんの不便さの追求であり、複雑系の制御理論と思うんですね。きれいにしてしまうと、暴走性の恐さが死んでいってしまう。

毛利　そうですね。

池上　人工生命をつくる時には、まさにその恐さがなくてはいけないんですね。生命をつくろうとした時にすでにいる生物の形を参照してつくるのではなく、未知の数学的な構造体としてとんでもないものをつくってみる。それがうまく飼い慣らせないから困る、そこから始まるのではないかと思っています。

大崎　たしかに、コンセプトや構想を事前に固めていってしまうと創発的な部分が殺されてしまいます。アイデアはどこから出てくるかわかりませんから、全然違うところから出てきたアイデアの可能性を活かすことで、意外なものが出てくるんじゃないかな。

池上　大人になると恐い体験ってしなくなるでしょう？　障害者ってある程度恐いものを抱えているし、《障害の家》って言った場合も、不便さだけではなくて、恐さを担保できるかを考えてみると面白くなるんじゃないでしょうか。

大崎　それは例えば、作品としての失敗や誤作動、まずい状態に陥っていくと考えていいですか？

毛利　私がやっていることはそういうことに近いですね。いかに自分がわからない状態をつくれるかを考えています——現実には展覧会の期間中その状態をキープしなくてはならないという条件はあるとしても。ジャン・ティンゲリーの作品《ニューヨークへのオマージュ》のように、自壊していってエネルギーだけを見せるような作品のあり方はとても面白い。どうなるか予想できなくてハラハラするし、壊れていく様はぎっこんばったん鳴って馬鹿げているけれど、儚く、美しいとも思う。そのアンビヴァレンスが重要です。

池上 《障害の家》の場合は、毛利さんが外で発見して発展させているようなものを人工的につくり出す感じですよね。デザインとして「モレ」をつくり出すみたいなところがあるのではないでしょうか。

大崎 毛利さんは「モレ」の現象をただ意味として捉えるのではなく、駅員が修復するために細工しているところに美しさを感じたわけですよね。「用の美」について毛利さんも書かれていましたけど、漏れている状態だけでは作品として成立しない気がします。

毛利 そうですね。「水漏れ」という状態自体は、単に人工的な環境の中で自然現象が起きているに過ぎません。それに対して人間が何か対処しようとしている様に、私はなにか根源的に美術に近いものを感じているんです。

障害をどう捉えるか

大崎 僕は失認症や知覚の乖離といった高次脳機能の障害にアプローチすることで、健常とされる人の無意識な知覚現象がわかってくることがあると考えています。

例えば半側空間無視（片側の視野にあるものを認識できなくなる症状）だったら、健常者は「左側を認識できない」と思うわけですが、本人には左側ということ自体が意識に上らないという状態であり、健常者の知覚とはまったく違う。もともと人間が世界を組織化するプロセスに関心を持ち続けてきたということがあって、さっき言っていたような生命のもつ暴走性や創発性の話は、病理的な話を超えてもう少し包括的なような気もします。

毛利　そうした関心と建築という想定されたアウトプットとのつながりについてお聞きしたいのですが、昨日、建物が老朽化するにつれ出てくる問題、それこそ水漏れとかについてどう思うかという質問をしましたよね。それに対する大崎さんの答えが「実際に建たなくてもいい」だった。で、私は大崎さんがやろうとしていることが少しわからなくなったんです。なぜかというと、経年で起きる問題は、実際に家を建てようとした場合には絶対に出てくるから。だとすると、もしかして実際のアウトプットは建築でなくてもいいのかな、と。

大崎　無意識や身体性など人間の知覚に力点を置くと、毛利さんがおっしゃっている問題は、必ずしも建物やインフラ側の障害とは言い切れない。自分がやろうとしているのは、身体を取り巻く存在としての建築であって、建築自体の持つ障害だけではないんです。

池上　もしかすると《障害の家》という言葉にミスリーディングなところがあるのかもしれません。障害のある人のほうが豊潤な世界を見ている可能性があるのなら、それは障害ではなくてもっとリッチな家になるかもしれない。でもそう言わないということは、おそらく標準形とされる現代の建築に対して、何かが欠けていたりするから、障害があると言われているんですよね。

大崎 そうとも言えます。バリアというか。

池上 なるほど、そうすると僕が勘違いしていました。荒川さんは現代の建築を超えていくためにいろいろプラスした建築をつくっていたけれど、大崎さんの場合は現代の建築から何かをマイナスすることで発展させようとしているんですね。プラスするよりも実現できる可能性が高く、同じような効果が得られるかもしれない。プラクティカルに荒川さんの話を展開しようとされているように理解しました。

最初に出てきた駅のホームからの転落防止のために柵を足すのではないやり方と考えるとか。要素を足すことによって直そうとするだけではなくて、要素を削ることによってつくろうとする方向性もありうるわけです。

毛利さんがやろうとしているのは自然には必ず障害がある、完璧ではなく壊れている、それをどうやって見つけてくるかですね。

ロナルド・レーガンは、重要な国策を決める際に奥さんに相談していたという逸話が残っています。彼女は占いをやっていて、そこに委ねていた。いい加減なような気がしますが、ジョン・ナッシュという数学者はすべてのゲームに解が存在することを証明し、ランダムな要素がなければ正しい解にいきつかないと言っています。だから何か良い決断するためには、サイコロを振らないといけない。ところがそのサイコロにバイアスがかかっている可能性もあるから、どこかから完全な乱数を入手しなければいけない。レーガンの場合は奥さんの占いだった。そうしたランダム要素を入れることで正しい判断ができる。

大崎さんの言っている障害が乱数と言えるかはわかりませんが、完全なシステムをつくってもうまくいかなくて、何らかのかたちで穴を開けておかなければいけない。我々の知っているところではカオスという仕組みです。これは決定的なアルゴリズムから乱数を導き出す仕組みです。世の中は完全には閉じてないから、開いたところで生まれる乱数を考えようとしている。

アーティストであれば、自分でもわからない方向に向かっていくことの重要さがわかると思います。決まらなさをどうやって扱うかがカオス理論や複雑系の中心テーマでもあります。だからお二人の作品とうまく絡められたらより面白くなりそうですね。

質疑応答

観客 大崎さんの構想は、障害者の人にとっての建築や建築する行為を引き出すような、そういう作品ということなんでしょうか?

大崎 それも構想しています。

池上 《障害の家》というのがあって、人の障害というのもあるということですか。

大崎　はい。人の障害を外に感知できる空間がつくれるかは、僕の作品に特徴的なかたちです。例えば《エアートンネル》は発達障害の空間とも言うことができます。

池上　障害のある人のほうが健常と言われている人よりもはるかにリッチな世界が広がっているということを提示しようとしているわけですよね。

大崎　ただそこで難しいのは、この空間を体験したからといって、健常者が発達障害者と同じ感覚になることはできない。当事者の経験をわかるという感覚自体を変えていく必要があるから。

観客　健常者のためにつくられた一般的な建築空間に対して、障害者のエクササイズにもなるし、こういう建築を健常者が経験することでユニバーサルな空間をどう構成するかを再考するきっかけにもなる。その両面を考えるためにある、そういう作品だと感じました。

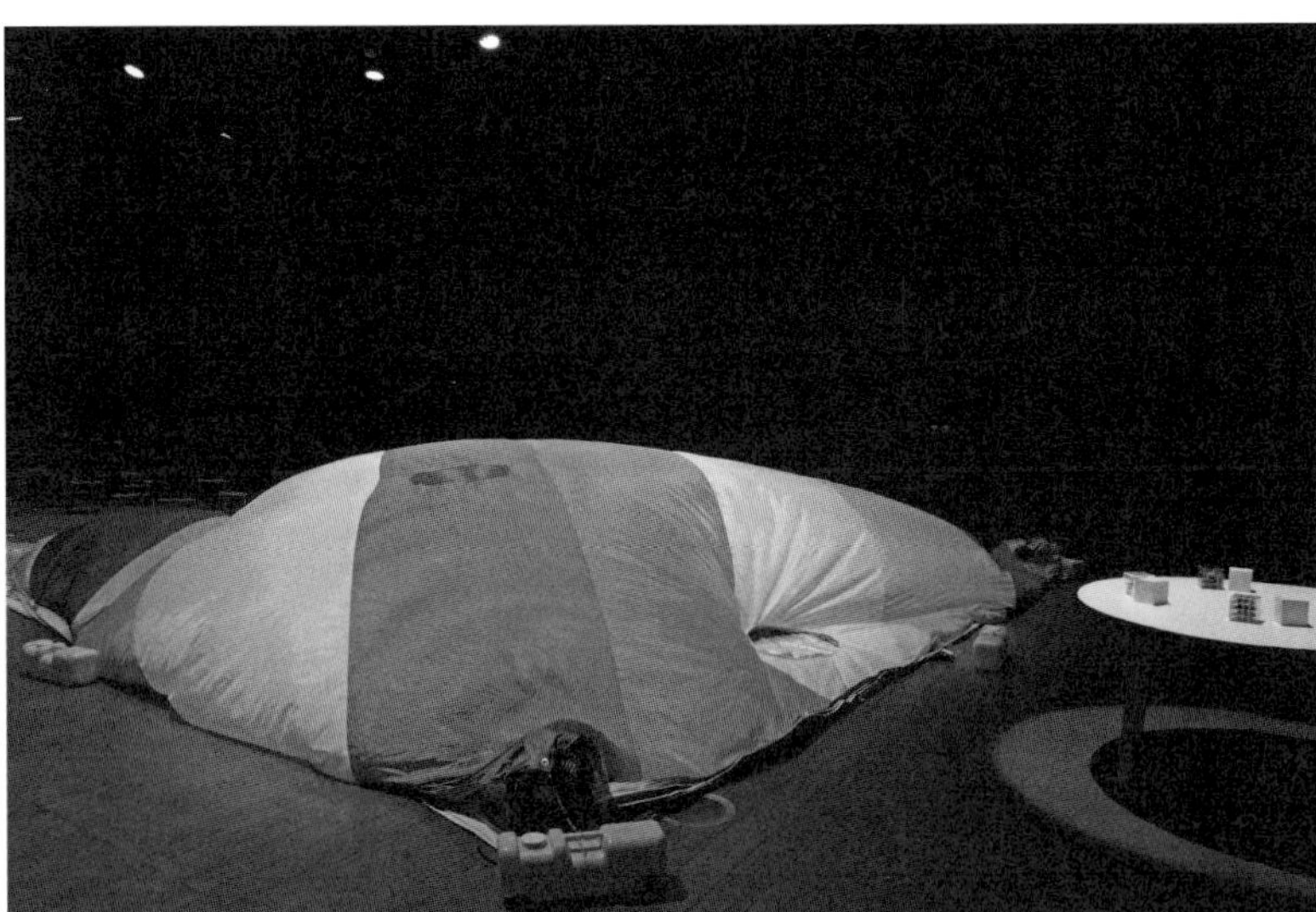

《エアートンネル》（左）と《ラファエルの暗箱》（右）

池上　複数のメッセージが混じっているので整理しておきたいのですが、この家に住むと非健常者も健常者と同じように知覚できるようになるという考えがありますよね。一方では、非健常者のための家だったり、非健常者のことを体験できる家もあり得る。大崎さんが言ってるのは、家自身が不便にできていて、そのために住む人がかえって普通の家に住むよりも能力を展開できるという話なのかな。

そう考えると健常じゃないと思われている人は、先ほども言ったように実は健常者よりもリッチな生活を送れているという主張になっていて、これは明るくハッピーなメッセージです。一般に健常じゃない人は不幸だと思われているんだけれども、はるかに生活は多様で複雑で面白くなるんだということを家という形式で示そうとしている。それは素晴らしい。

そういう強いメッセージでやっていたら結構僕は納得するところがある。普通システムをつくって壊しても、それは壊れただけになってしまう。でもある種のシステムは壊すことによって能力が上がるかもしれない。僕はあまりこれまでにつくれたことがないからわからないけど、そういう可能性はあるかもしれないよね。

大崎　池上さんの暴走する人工生命の話は、そういう破壊ですよね。

池上　そう、だとしたら面白いのですが。

暴走する可能性をはらんだシステムをいかにしてつくるかが最初にあって、それを止めている部分がとれてしまうことによって暴走の方向に近づく。健常という状態は全部止まっていて、何かセンサーが壊れることによって欠損がとれていく、スイッチがとれていくということ。その感覚は新鮮でとても面白いです。

大崎　昔、機械が壊れて誤作動を起こしたことがあります。壊れた時の運動は反復運動ではなく不連続なんですよね。まるで生きているかのような状態で、その状態を維持させたいなと思って、修理屋さんにこの状態を維持してほしいと頼んだことがありました。そういう身体が行為するときに起きる出来事とか、モノそれ自体の誤作動とか、壊れるところに生じるリアリティみたいなものって面白いですよね。

池上　大崎さんがやろうとしているのは、その話のさらに上をいってるから、まだ誰も言ってないことだと思う。今言ったことはまさにそのとおりなんだけど、それは結構言われてることでもある。そうじゃなくて、欠損したことによって能力が上がるって言ってるんだから、それはあまり言われてないですよね。

欠陥のある建築のほうがはるかにそこに住む人の経験が裕福になると主張することで、最適につくられていない脳のほうがはるかに能力が高い、と示すことにつながっていく。とても重要な試みだと僕は思います。

［「Grow up!! Artist Project 2014 報告会」アサヒ・アートスクエア、東京にて　二〇一五年二月一四日］

住むことの経験を再編するために

河本英夫
十川幸司
村山悟郎

「障害の家」という言葉の定義

大崎晴地　今日は対話を通して、河本さん、十川さん、村山さんから、本プロジェクトを進めるにあたってのアドバイスをいただければと思っています。

私は障害のある人たちが個別の体験に焦点を合わせていくと、バリアフリーのようにバリアを解消するあり方とは別の可能性があるはずだと考えています。多様な障害のあり方に対して、それぞれが感じているバリアとは何か、あるいはバリア自体を積極的に問い直すような環境をつくっていこうという問題意識です。それがある種の障害者への別の理解の仕方につながる。さらにこのプロジェクトを健常者も体験することによって、例えば発達障害者の経験を体感できる装置になればと考えたんですね。

構想するにあたってタイトルの《障害の家》には二つの意味を込めていて、ひとつは人間側が持つ障害、もうひとつは家自体の障害――欠陥住宅のような状態です。

河本英夫　《障害の家》について、まだ事柄と名称がうまく合っていない印象です。バリアフリーに対抗するんだったら、バリアスルーと言ったほうがよいかなと思ったりもします。バリアスルー・ハウス。バリアを通過して、それを通して、という感じ。いずれ副題をつけないと、プロジェクトについての説明がたくさん必要になりすぎてしまう。言葉での説明をできるだけ減らしたほうがいいと思うんですが。言葉だけに反応する人が、随分と増えました。言葉で何かを言えれば、それで何かわかったことになる、と感じている人の数も増えてきていると思えます。

健常者と障害者の違いを大きく考えてみると、健常者とされる人の特質は、多くのことを無視して暮らせることです。いちいち足の裏の感覚を感じ取りながら歩いていたら、すなわち触覚性の感覚につねに注意が向くようでは、それ自体は不健全なことです。ただし、それを無視できる状態をずっと続けるのは、退化している、あるいは、どこかに特化した能力だけを使ってあとは使わないようにしているはずです。だから健常な状態とは、それに気付かない状態だと言えます。そういうデフォルトの設定の狭さに対して、《障害の家》は、本人の生活の中で形成された能力、あるいは自分自身への感覚や感度、これをリセットするための装置をいくつかつくってみるというトライアルな企画になっている。そこを通過すると、健常者自身の綻(ほころ)びや壊れているところが外に表れてくる。

長い目で見ると、いわゆる「健常者」は基本的には壊れ続けているはずなんです。それをリセットする機会をいろんなかたちで提供しておく必要が出てくる。その時のアイデアの材料をどこから集めてきてどういうかたちで設定するかが重要だと思えるのです。

本人の経験から動ける場所をつくる

河本　私が教えているのは哲学科ですが、「生きづらくて苦しい。就職の活動もできない。然りとて勉強もできない。勉強しようという意欲はあるのに、何か自分の経験とは接点がない。一体どうしたらいいのか」という学生が、同級生に連れられてやってきます。彼らといろいろ議論していると、ちゃんと会話できるんですね。つまり、経験と言語とそれから知能が動いている。でも苦しいという。話して三〇分くらい経ったところで、それはNさんという名前なんだけど、ひょっとして「聖闘士N」じゃないの?というように聞き返してみる。聖なるもの。名前はNではなくて正規の名前があるんだけど、聖闘士Nではないの?というふうに言ったら、一五秒ほど間があって、そのあとに膨大な涙が出はじめて、涙と鼻水が止まらなくなって、そこからゆっくりしたかたちで話が始まって、二時間くらい本人が延々と話す。このへんからはもう局面が変わってきて、聖闘士Nというのは、本人の性格に当てたイメージ語のことです。本人がもちろん苦しがっていて、自分は周囲の人たちとは違うと思っているわけだから、その苦しさがどこからくるかわからないと感じているわけです。

この聖闘士Nというイメージ語が当たったために、もう制御できないくらいの大きな変化を一挙に引き起こしてしまった。イメージ語の困ることのひとつは、「劇薬」になりすぎるところです。そういうときは、この反作用と呼ぶべき反応が収まるまで本人の話をずーっと聞き続ける。そこで何が問題になっているかというと、ある種の発達障害系の人がもつ予測不可能性なんです。社会の中で本人がさまざまなかたちで適応しようと努力した結果が本人の苦しさにつながっている。本人が苦しいだけで問題を起こすわけではないから、厳密には社会的適応障害ではないにもかかわらず、苦しさの所以は、発達障害系から来ている。そうすると、本人の経験から動きやすい場所を、なんとかして、たとえ隙間であってもいいから探り当てて、本人の中でどう動きをつくっていくかを考えていくことになります。多動性の注意障害なんてたくさんいて、教員の中にもいます。ものすごくありふれたかたちで、とんでもないことを言ったり、理解できないことをやったり、本人もどうやって制御したらいいのかわからないから、ある問題にぶつかると本当に進むも地獄、戻るも地獄みたいなところに行ってしまって、どうなるかわからない。

本人は自分で説明できるんです。「私、注意障害で多動性があります」と。にもかかわらず、その説明ができて自分への理解があるからといって、別段本人は変わっていかない。やはり経験の動きをつくって、自分の経験を変えられるようにするにはどうすればいいかという問題がいつも頭の中にあります。これは相当工夫が必要で、おそらくパッケージ化した方法があるわけではないことはわかっています。経験の動きを開始させるためのきっかけをどう設定するかと、それから動き始めた時に、本人が選択できるかたちで試行錯誤の範囲を広げられるというかたちをどうやって設定できるかがずっと念頭にあります。ですから、こうした大崎さんがつくっているような作品を見るときは、アイデアをたくさん出して、選択肢を増やしていく作業がいろんな場面で必要になってきているのだろうなと感じます。

それから、能力はある年齢以降になると、打ち止めになるんですよね。個人的な年齢差も大きくて、本当に高校生くらいのところで壁に当たって打ち止めになる人、ずっと遅くになって止まる人も、ほとんど打ち止めにならない人もいます。能力はどんなきっかけで拡張されるのかよくわからなくて、壁に当たったように見えながら、その先に進んでいる人たちもいる。なんか知らないんだけど、それ自体の中に無限性が含まれているような領域では、壁に当たっているんだけど、その無限の中でずっとなにかをやっている。十川さんと僕の共通の親友である精神科医の花村誠一さんは、一生、「強度」(変化率の度合い)なんです。つまり経験による動きやすさの度合い、これしかないんです。何を話しても強度。能力を拡張する方法はあらかじめ決まっているわけではないんだけど、どの場所での経験の動きを活用していかなければいけないのかが関わってくる。

どうしてこういう話をするかというと、人間の集団の中に、気がついたらロボットが混ざっていた、という時代がもうすぐ来るからです。すでに機械的な運動で、例えばコンビニのおにぎりは全部ロボットが握っているし、自動車工場の大部分でも、ロボットがつくっている。やがて知的な活動でも、コンピュータができる活動は全部ロボットになるでしょう。そうすると人間とは一体何か、何をしたら人間であるのかが、問題になってくる。ただし、アーティストは新たなものを生み出していく創造性を持っていますから、これはすぐにはロボットには追いつけないでしょう。

それから、ロボットとの関係の中で今つくれないのは、ペア——対関係ですね。例えば、障害者と治療者、あるいはクライアントと精神分析医などです。そのペアの関係は、ふつうプログラム化できません。一人称と三人称はプログラム化ができます。しかし、ペアの関係は絶対にプログラムできないんですよ。そういうペアで形成される能力については、もう少し違うかたちで考えなきゃいけない。不思議なことに、ギリシャ時代から哲学は、一人称で語る「自伝的な哲学」と、普遍化して三人称で語る「普遍哲学」として成立してきました。しかしそうではない領域がきっとあるはずです。一人称領域も三人称領域もロボットが大半やってくれるようになるとすれば、十川さんがやっているような、クライアントと治療者の固有の関係を考えないといけません。つまり当事者である行為者と三人称的なところにギャップがある。それがどうしても人間でなければやりきれない部分であり、ここに本人にとってもよくわからないある種の能力を引き出していく関係があります。ここにもう少し踏みこむことはできるなという感じは、今回の作品全体の中で思ったことです。

大崎　「家」には、必然的に家族関係が影響してきます。その中で自分と母親、自分と父親、兄弟のような、家庭での関係の中で性格がつくられていくとか、そこからどうやって逆に抜け出していくかみたいなことも、病理的には重要な視点ですね。

二次元から三次元へ

十川幸司　先ほど話があった発達障害や自閉症の治療経験を私自身はあまり持っていません。私は分析医として、週に四〇セッションくらい、分析治療を行なっているのですが、患者の中に広義の精神病の人はいても、自閉症の人はいません。というか、最初から治療対象からはずしているんですね。その一番の理由は彼らの治療、とりわけ精神分析による治療というのが極めて時間がかかり、効力が乏しいものだからです。分析は基本的には言葉でのやりとりで、そのような方法で発達障害の治療をしているとあっという間に五年くらい過ぎてしまう。それでどこまで改善するかというと、わずかなもので、また治療する側の労力も大きい。患者さんは、お金もかかるし、改善もしない。治療者もくたびれ果てる。それでも通ってくる人はいるわけですけれども、この効率の悪さを、自閉症や発達障害の人に感じます。ポスト・クライン派の理論では、自閉症の人は一次元あるいは二次元の世界に住んでいると言われます。そして精神病の人は二次元あるいは三次元の世界に住んでいて、神経症者は三次元または四次元の世界に住んでいるというふうに、大雑把に区切ることがあります。とすると自閉症の治療は、二次元に生きている彼らに三次元的な広がりを持たせることが課題になります。つまり、彼らの心的空間を二次元的に狭窄した平面から、三次元的な空間に広げるかが問題で、彼らの心的空間を広げることによって、生きている世界も広げていくわけです。これが先ほど言ったように極めて時間のかかることで、一般の精神科外来では、社会的ルールを教えることになる。これは、いくぶんノーマライゼーションの方向に向けた治療法なんだけど、それによって彼らを社会に適応させる方法を取るわけです。

大崎さんの作品《エアートンネル》は、二次元の世界でもあるし、三次元の世界でもありますね。しかも身体へ働きかけるトリックが溢れている。言葉ではなくて身体的な面から、二次元的なものから抜け出すようなひとつの手口を、自閉症あるいは発達障害の人たちが自分なりに見出していくひとつのツールになるのではないかという印象を持ちました。こういう方法の方が、精神分析とか、精神外来でやっていることよりもはるかに効率よく、しかもノーマライゼーションではないかたちの治療法というのを編み出していく。新しい経験のあり方を引き出していく方法を具体的に示しているような感じがします。

大崎 《エアートンネル》は二次元の布が四枚重なっていて、間に空気が入ることで三次元になっているのですが、別々のレイヤーから違う次元の側にも働きかける二重性があるんですよ。つまり、異次元間の関係から発想しているところがあります。それが結果的に発達障害の人にとっての治療環境にもうまくフィットするモデルになっている。

バリアフリー化のようにすべてを平均化していく方向では、「平均」として、壮年期の男性が設定されています。しかしバリアフリーの報告書によると、そこから漏れてしまう人が実は多い。それ以外の人たち——女性も老人も「障害者」にされてしまうような「架空の平均」(Mr.Average)を設定しているため、環境を使えない人が大勢出てくるとされています。それに対して一人一人の身体感覚に訴えかけていくような空間やデザインを突き詰めていかないと、先ほど河本さんがおっしゃったように、環境自体がどんどんロボット化していって、人間そのものの平均化が加速していってしまう。《障害の家》というタイトルは、ひとつのクリティカルな批評として、ちょっと誤解を招くかもしれませんが、環境自体のバリアフリー化に対して、どうやって逆に均質なものを壊しながらつくっていけるかという問題意識のもとにつけました。

だから健康な状態に対して障害と言っているのではなくて、障害を持つ人たちの経験のほうが実は健全かもしれず、そのために一人一人の個別の経験にアプローチした建築を考えたいのです。発達障害や自閉症の人は、むしろ健常な人の土俵内で生きているわけではないと思うので、そういう意味ではすごく固有の生き方をしていると言える。ただそこで、その状態を安定化させること自体が、どこか固定的で、変化をもたらさないという点では問題もあるわけですよね。だからやっぱり変化を与えるための、感覚を動かすための「家」を創造していく必要があるんです。

十川　ただし変化に関して言えば、彼ら(当事者)は変化を恐れるんですね。変化に強い恐怖を覚えるから、常同行為を繰り返す。自分の経験を全く変化させないことが防衛機制として働いているので、それを変化させようとすると、彼らの精神がガタガタになって容態を悪くしてしまう。その点には注意しないといけない。

河本 そこなんですよ。変化する時に多くの健常者が感じ取っている、例えば自転車に乗れない人が乗れるようになったとか、逆上がりができない人ができるようになった変化と発達障害者が感じる変化はまったく違うんです。ほとんどパニック状態に陥ってしまって、数ヶ月収拾がつかない。変化という場合に、「現状を変えていく」といった、健常者に見られるような変化は、ほぼ想定できない。ほんのわずかの変化が劇薬のように働いてしまうことがあります。僕は高所恐怖症が時々出るんだけど、高いところが怖いんじゃないんですよ。わずか三段くらいの階段が怖くなります。何なのだろうと思うけど、空間的な落差に対する感覚が一挙に動いちゃって止まらない。どうにもならないので、深呼吸をして、いくつもの対応をする。今はもう慣れちゃってるから、対応はできるんだけど。変わるという時に、パニック性あるいはカタストロフィー的な、何もかも収拾がつかないかたちで変化の回路に入ってしまうことがあるんですね。そのためにそういうところに近づかないように、多くのものを捨てるという行動が起きます。多くのものを無視し、捨てて、現在の本人があるという状態で、これは自己防衛であると同時に、本人にとって最善の適応努力です。

もうちょっと作品の細部に立ち入ると、例えば消える柱のアイデアは、柱そのものが消えるはずはないので、これは錯視、錯認、錯覚を活用したり、認知機能の幅そのものを一度リセットするような、認知機能の側に働きかけているものがあるんですよね。また、自分に合わせた階段をつくってみましょうというのは、基本的には身体行為の側に働きかけているところがあります。認知機能に主として働きかけるものと、身体行為に主として働きかけるものの隔たりは、現在の作品の中で大きな幅を持っていて、そこを有効に組み合わせていくと、どういうかたちで経験に変化が出るのか。経験の変化を誘導してつくっていく時に、認知と身体行為のうまいバランスが絶対必要なんです。認知から誘導すると本当に情報系の話になってしまうし、身体の側からやっていくと本人自身を自己制御するという、自分で自分の選択を広げていくところに誘導しにくい。片麻痺の患者は、歩けるようになると、ただひたすら一日に何キロも同じところを歩く。身体運動は反復という妙な特性を持っていて、ここをどういうふうに組み合わせるか。

認知と行為の隙間

河本　今日は十川さんが来られているので、認知と身体行為の隙間にある「広い意味での感情」について、話題にしてみたいです。つまり情動から感情を定式化する時に、認知できているのに身体行為では対応できない領域がかなりの幅で存在している。ここに感情領域が不可避に生み出される。認知的に全部情報処理できるのだったら、感情なんてごくわずかしか出てこないはずですから。逆に身体行為で何もかも対応できてしまうのであれば、例えば美味しいものを食べたい時に食べられれば、問題も起こらないはず。しかし、何かが欲しいと思うのは、欲しいものがあるのに自分で手に入れられない場面があり、欲求はあるのに満たされない。これが一番感情が動きやすい領域で、認知と行為というのは、そんなにきれいに整合しない。認知能力が形成されてきて身体行為がついていかない場合、身体行為能力はあるのに認知が追いつかない場合と、いろんなパターンがあり、そこにさまざまなかたちの感情のあり方がある。感情の動きにくさ、軽やかさ、または重さ、そのさまざまなモードの感情が間に出現してくる。この感情のようなあり方について、どう設定すればいいのでしょうか。

上司に気を遣ってくたくたにくたびれた人がドアを開けて入った途端にハッピーになれる部屋が仮にできたら、それはそれで特許は取れるし、おそらくものすごい売れるでしょう。でもそうはならない。つまり感情を直接変えることはできないんですよ。認知能力か、身体行為のどちらかに働きかけて、本人にとって自然でスムーズな感情のあり方に誘導しないといけない。「あなたの感情は変だから、私が変えてあげます」なんて言ったら新興宗教の教祖ですし、誰も幸福になんかなれません。そうでないやり方、つまり認知能力の振れ幅を使うということと、身体行為の可動範囲をうまく活用してやれるような部分は、まだまだこれから残されている課題なのかなと思います。ここに出ているアイデアを現実のものに落としこむ時、どこにウェイトを置いて経験を引っ張るか。そこにまだまだ選択肢がある。

大崎　そうですね。今日参加してもらっている村山悟郎さんと私は、オートポイエーシスについて言及している数少ないアーティストです（笑）。村山さんは認知能力と身体行為、おそらく両方にかかわる画像の生成プロセスを作品にされていますが、《障害の家》の中での身体の経験と何かつながりは感じますか。

村山悟郎　認知能力と、身体行為可能な領域の間に感情が生まれるっていう話はすごく説得力がありますね。自分の実感としてもよくわかります。芸術の制作行為では、何かやれそうな予感が前もってあって、それから実際やってみたらできたというプロセスがよく起こります。むしろ先見的な予期がともなわないと、行為がうまく配置されない、というか。遂行における予期があり、それによって行為を実現し、そこにある種の快楽とか興奮が発生し、そして筆が進む。大崎さんが想定される《障害の家》での経験でも、これからどんなことが起きるかという予期と、それに自分の行為が追いつくか追いつかないかっていうギリギリのところを狙った設定をして、その経験が毎日進むように構成していく。そうすると感情を含めた経験を持続的に展開させていけるのではないか、と思って聞いていました。

大崎　村山さんの作品制作において、カップリングする相手が変わった場合の変数が、障害やバリアの要素になっているように思います。あるいはそれとは別に、規則とは別の背景による影響もありそうです。例えば壁に急にヒビが入って、全然違う局面に入ってしまうような、外側の環境からの変数も障害に近いかもしれません。

村山　両方ともありますね。他者が介入することによって、ある種の届かなさ、不定性みたいなものが生じると思います。連動関係の中で、どこに進んでいくか、予期と実現の落差が必ず生じてきますから。そのような中での感情は発生してくる。これも図式的には建築と人間の関係とそんなに変わらないことだと思うんだけど。

大崎　要するに、ルールの中にないものが入ってくるっていうか。

村山　それは、常に既に内在していて、カップリングする時はルールを決めて連動関係みたいなものをつくりながら制作を進めていくんだけれど、相手が与えられたルールをちゃんと守ってやっているかどうかって自明じゃないし、実際破っていたりもするけれど、それでも連動関係は続く。

大崎　そういったエラーも含めてということですね。

村山　そうそう。エラーもあるし、あとやっぱり連動関係は二者の感情やムードに包含されると言ったらいいのかな。ちゃんと気分にうまく乗っかっているかどうかというのもあって。やらされているみたいな雰囲気や、進んでやっているっていう情態をお互い感じ取りながらやっているわけです。そういう感情のモードでカップリングが継続維持され続けるのか、それとも離散してしまうのか決まってくる。さっき河本先生が二者関係のお話をしてましたけど、それにも関わることだと思います。感情や情動がカップリングを包んでいる、そういう連動関係があるんだろうと思います。だから、経験する人と建てる人っていうか、それが相互に連動しながら一つの建築を構成していくような、二人で建てるアプローチもできるのではないでしょうか。

大崎　当事者と一緒に、カップリングしながら建築をつくっていく、あるいはペアでアイデアを出し合うのはありえるでしょうね。

村山　ワークショップ形式で流動性のあるマテリアルを使いながら、誰か、対象と、絡みながら構築物ができる、そういうこともできるかもしれない。今想定されているプロジェクトには建築的な構造物としてのイメージがあるけれど、連動関係の中でどんどん構造物がつくられるみたいな動体もありえそうです。

大崎　そうですね。建築のようなかたいものだけはなく、もともと《エアートンネル》だったら、衣服のようでもあり、建築のようでもある。その間で行為を包み込むような触媒であったり、もっと広く設定しながら考えていきたい。そのためのいい方法を探りたいと思っています。

「住む」ことの選択肢の幅

河本　例えば、アイデアから具体的なかたちまでを一セットにして選択肢を増やしていく方法が考えられそうです。自分の家を建てたい人が家に取り入れたいものを選んで設定してもらう。そういう選択性がないと、家というものは成立しにくい。例えば、反射反応が一つにならないような壁も床もスポンジでできたような部屋——これは精神科医のL．チオンピが自分の診療室に実際につくったものです——を選択肢として用意し、希望すればすぐに設置できるようにしておく。《障害の家》

をひとつの家屋として設定するのではなくて、パーツの選択肢の系列とする案です。《障害の家》が「住む」ことの中に新たな経験の可能性を広げるための仕組みなのだとすれば、パーツの集積としてモデルケースをつくってそこを訪れて経験するのでもいい。荒川修作＋マドリン・ギンズの《三鷹天命反転住宅》のようにショートステイを設定する方法もあるでしょう。例えば普段は別の場所で生活していてアイデアが浮かびにくくなったときに、その場所へ行くというような。家というのはずっと同じところに住み続けるように設定されているんだけど、日本の住環境や土地の余り方を考えれば一ヶ所にとどまるのは本当はおかしい。東日本大震災のときに建設された仮設住宅が、まだものすごい数残っているんですよ（注：二〇一五年収録時）。震災の前から、複数の場所に家を持っておくかたちがあれば、この問題は起きなかったかもしれない。余っている土地の活用の仕方を変えれば、きっと二重の生活を営むことができる。

《障害の家》が完成したとしても、ずっとそこに住むのは難しいでしょう。さっき言ったような不安定な状況に常に置かれると、きっと狂ってしまう。だから、普段は普通の家に住んでいても、ショートステイでそこに住みたくなる設定ができればいい。何かがやりたい、もっと良いアイデアが欲しい、いろんな経験を別のかたちで再編したい時に行ってみたくなるところ、そういうところとして設定しておくべきだと思います。

現状、バリアフリーなのは住むための施設です。それに対抗するものとして《障害の家》を想定しているのであれば、ちょっと筋が違う気がします。対抗する必要はないんですよ。バリアフリーの中で暮らしている人だって時々はこっちに来てみてはどうかという選択肢を提示するかたちのものであればよい。バリアフリーの家って退屈な家ですよ。だって能力が低下するんだもの。退屈な家でも、それでも暮らさなければいけないから、そういう人たちが例えばふた月に一回はショートステイで来てみるような場所の設定を考えてはどうでしょうか。

荒川さんが《三鷹天命反転住宅》を設計したのは、死ぬ一〇年くらい前で、実現したのは五年くらい前です。経験を積み上げていろんなものが使えるようになって、芸術作品としても美しく、その中にいることで身体行為に対して選択肢を広げて可能性の幅を広げていく。そんなことができるようになるには、相当たくさんの場数と手間暇を踏まないといけないだろうなと感じるのです。つまり、多くのアイデアの埋め込まれたものをつくっていく作業と、実際に家を建てるということは全く別だと考えたほうが、絶対いい。

村山　そうだね、実際に家を建てるというよりはインスタレーションとしてつくって、その経験が入り口になるかもしれないね。

大崎　あとはテーマパークや公園というかたちもあり得るし。土地の権利関係など、アートとは違う仕事がたくさん出てくるので、そう簡単ではないですけど。

河本　そう、必ずしもひとつの建築として考える必要はないんですよ。建築の中に組み込めるさまざまなアイデアを提示することから始めればいい。建築物をつくるのは大変で、仮に地震などで住んでいた人たちに被害が出たりすると、すぐに責任を問われてしまう。《障害の家》の場合は、発想をもっとゆったりもったほうがいい。

例えば、日本で農地なのに農業をやっていない総面積って茨城県の全域と同じくらいあるんです。つまり、土地はあるのに栽培ももう手放していて、作物をつくっていない。こういうところは放置しておくと荒地になるだけ。そういう場所が日本に大量にある。これまでは利権関係があってなかなか貸すことができなかったんだけど、これからどんどん借りられるようになるはずです。そういう場所に見学者が来て農業の手伝いをやるようなテーマパークがありえる。単なる遊びだけではない、学習型テーマパークに行って楽しんで、能力も伸びる。そういう場所を使うアイデアもありますよ。名前をつけて宣伝して。そしたら来訪者は来ますよ。キャッチフレーズはある意味では宣伝だから、その意義を多面的に誇示しておく必要も生じる。そのための設計の仕方がいろいろあって、だからあんまり家や障害というこだわりを前景に出さないで、もうちょっと広いフレームでやった方がアピールしやすい、説明しやすい、そういう思いもあります。概念で抑え込むこととは別の仕方ですね。

大崎　環境そのものを変えていく社会実験的なレベルでは、河本さんがおっしゃっているようにテーマを広く設定したほうがいいですよね。荒川さんのように本当に建築物として機能させるためには、どこかで折り合いをつける設定が必要ですけど、僕の場合はいろんな共同作業の中で実験的な場所を提示していくラディカルさを考えたい。今回は建築家と協働しましたが、別のときにはファッションデザイナーかもしれない。作家個人の意匠と違い、さまざまなかたちの実験的な家がありうるので、そこが荒川さんの建築とは違うところです。いろんな体験のあり方をメディアを通して出していくところで、まず自分は最初にあるコンセプトとしてリハビリや障害という問題意識があって、それを建築というかたちの中で実験してみる。実際に出てくるアイデアはもっと広く設定されているけれども、「障害の家」というタイトルは結果的に良かったと思っています。

「障害」という言葉が包括するもの

十川　最初から感じている違和感として、大崎さんは「障害」を単一の概念として捉えられているように思うんですよね。障害学会ってありますけれども、あそこへ行ってもみんな全然違う悩みを持っていて、たまたま障害という言葉で単につながっているだけです。だからそれらを一緒に論じる意味がよくわからない。発達障害の例を挙げられていましたが、それと他の障害とは、ほとんど接点がないですよね。それを一緒のカテゴリーに括ってしまうと、もう何を問題にしているかがわからない。さらにそこに「家」という言葉をくっつけても、一体何をするんだろうというのが正直な印象なんです。

大崎　そうですね……。誰に向けて提示するかによって、「障害」の意味も変わると思っているのですが。

十川　どういう具体的な人を想定しているかが重要です。僕は臨床家だから、ある患者に対してどうするかしか考えないわけです。それなら個別的に考えられる。それを何々病に対して治療法を考えるとしたら、理論的な水準は上がっていくけれど、具体性がどんどん欠けていく。そういう方向をとる人もいるんだけど、僕はできる限りその人に限定したかたちで具体的にものを考えたほうが生産的だと思っている。だから「障害の家」という発想には、正直よくわからないところが多いんですね。なんか元も子もない、失礼な言い方をしてしまっているかもしれないけど、そんな印象を持ってしまうんですね。

大崎　多義的な「障害」が含まれてしまっているので、観客の中には「これは障害なの?」とか、「なぜ障害という言葉を使うのか」と疑問を持たれる声もありました。しかし、言葉と実際のモノがずれているのは常というか、概念では括れないようなものも言葉で方向を与えたり、言葉とモノとの関係で考えていければと思うんです。

河本　病が治ったりあるいは健常者がさらに健常でいられるようになったりなど、目的設定ばかりを強調しなくても、「アイデアを出していくための場所」のような、誘導的な設定を《障害の家》とシンボライズして呼んでいるということでもいいんです。いわば《障害の家》の概念的な説明には、重きをあまり持たせないほうがいいんじゃないかな。実際に家としてつくり、それがどういう機能を持つかという話よりも、一番の基本はそこに住む人が工夫ができるような選択肢がある状態でしょう。本人がその家を活用しながら自分の選択肢を広げていって、違うかたちでそれぞれが進んでいける場所の提供をしてあげる。そういう経験が動き始めるところのきっかけを設定するものなのであって、治す話に持っていくと、余計に別の負荷がかかってしまう。

だとすれば、鑑賞者や体験者がアイデアを提供できる、いわばモデルケースを設定していくものなのではないか。ひとり、またひとりとアイデアを出すようになれば、いわばネットワークに張り付いているトライアルとしての家なのだと考えておくほうが絶対に良いと思う。

村山　実際、障害の家という名前は、アイデアを引き出すためのキーワードとして投げている、それでいいと思うんだ。ただ、実際そこに入りたいか、その建築にどのような予期が働くか、みんなの興味をそそる言葉のチョイスとして機能しているか。今後もし実現する場合には、そこにどういう言葉を充てるか再考してもいいかもしれないとも思うんだけどね。良い予感をさせる言葉の選びを。

［「Grow up!! Artist Project 2014 報告会」／アサヒ・アートスクエア、東京にて。二〇一五年二月一五日］

アクシデント、不自由さをデザインする

八谷和彦

家を建てる難しさ

八谷和彦　実際に《障害の家》建てるとすると、施主は誰なんでしょう。一戸建てであれば施主さんがいますよね。それはどういうふうに考えているのかな。

大崎晴地　そうですね、実際に家を建てるプロセスには、固定資産税だったり、創造的なこととは違うものが必要になってきますよね。

八谷　僕には一応持ち家があるんですが、家を建てたり維持するのは大変なことです。

大崎さんの提案には、荒川修作＋マドリン・ギンズの《養老天命反転地》や《三鷹天命反転住宅》っぽい部分があるなと思いました。実際に荒川さんと大崎さんは関係があったりして、プロジェクトとしてはすごく面白いんですが、実現しようとすると荒川さんくらい有名にならないと難しいんじゃないのという気持ちがあります。そのあたり、どう考えていますか。

大崎　荒川さんはバブル期に《養老天命反転地》をつくられています。

八谷　《三鷹天命反転住宅》は所有ではなく賃貸ですよね。賃貸だったら半年くらい僕も住んでみたいけれど、土地を買って建てるとなると、やっぱり家として使えないと駄目な部分がどうしても出てくると思います。アートかデザインかという議論に近いのかもしれないけど、《障害の家》はアート作品ならありえても、実用的な家としてはありえない提案が結構ある印象です。四五度傾いているやつとか。

大崎　最初は定住する家のイメージを持っていたんですが、ずっと住んでいたら……。

八谷　不便すぎるよね（笑）。

大崎　はい。なので日常から離れて、一定期間実験的に住むことでも良いのかなと。《三鷹天命反転住宅》と同じように、一週間くらい住むと感覚が活性化して、また日常に戻ってくる。形式的には家ではなくテーマパーク、公園でも、いいかもしれません。

八谷　たぶんそれが一番早いでしょうね。提案の中には安全基準を無視したものがありましたが、本当に住める家をつくろうとすると建築基準法など法規に沿ってつくらないといけない。家を建てるためには土地代も含めたお金がかかりますから、であれば仮設のほうがつくりやすいでしょう。

アートは残らなくても良いって言ったら変ですけれど、デザインの場合はある水準を満たしていないと絶対許されない。例えば僕らは今椅子に座っていますが、座ったら壊れる椅子は当然売り出せません。でもアートだったらありえる。大崎さんの提案も仮設的な作品として作っていくのなら、全然アリだと思うんです。「継ぎ接ぎの階段」とかも、展示室の中に本があって登れたら楽しいよね。……でも自分の買った本を踏むのって大丈夫？

大崎　たしかに抵抗があります。

八谷　いらない本を持って来てもらって、最後に他の人の本を持って帰るとかならいいかもしれません。自分で買った本にはそれなりに愛着があったり思い入れがあるから、積むのはまだしもそれを踏んで上に上がるのはちょっと躊躇するかもしれないね。

大崎　昔、川俣正さんが水戸芸術館で新聞を積んだ作品を発表していました（「川俣正　デイリーニュース」展、二〇〇一）。あれも観客が新聞を持ってくると入場料が割引になる仕組みだったと思います。

八谷　結構そういうのって大事なことですよね。

アートの形式、デザインの形式

八谷　僕自身は、作品には必ず機能があるようにしています。さっき椅子の例を出しましたが、機能がなくてもアートだったら成立する。でも僕のバックボーンがデザイン分野であることもあって、ちゃんと機能しないと嫌だなと。自分のベースとなる要素にテクノロジー、アート、デザインがあって、それが重なる領域でやるのがいいと考えてやっています。僕のデビュー作は《視聴覚交換マシン》(一九九三)という作品です。二人の人の視覚を入れ替えちゃう装置ですね。これはたぶん、大崎さんの作品の考え方に近いと思うんですが、健常者に、ある種の病理を持っている人の体験を疑似体験させる要素がある作品です。これを付けると、あたかも自分と握手しているような感じになる。鏡と違うのはそこに具体的に人がいて人間っぽい動きをするから、わりと簡単に感覚が騙されるんですね。自分のところに向かっていく感じになるので、幽体離脱とか離人症の症状に近い状態だと精神科医に言われたことがあります。その人は臨床現場で症状がある患者の話を聞いて、たぶんこの作品みたいな感じなんだろうなというのがわかったとおっしゃっていて。人って、自分の身体はここにあるんだけど心がここにない感じがする状態に、わりと簡単になってしまうらしいんです。それを体験できる。面白かったのは二人の行動がだんだんシンクロしてくるような、見えているものと行動を合わせようとするところです。自分が自分にぶつかったというような、見えているものと行動を同一化しようということが起きます。ミッションとして握手をしてみてもらうんですが、近い距離で握手をすること自体難しくなってしまう、そういう装置です。

大崎　体験している人が手を持ち上げてしまうのは、相手の手が高い位置にあるからなんですか？

八谷　おそらく相手の目の位置に合わせて、自分の手で触ってつかもうとする感じが起きるんだと思います。つまり相手のカメラに自分の手が映ったら手のあるほうに相手がいるとわかるから。これを付けると親密度が増していくというか、この装置を付けてキスするとかもやったことがあるんですけど、向こうから自分の顔が近づいてくるわけですよね。最初、ゲッてなるんだけれど、よく考えたらいつもキスしてる時相手にはこう見えている。鏡と違って相手が確実にいるので、唇の触覚とかもあります。なかなか楽しいです。これを付けてセックスもやったことがあるんですが、それはあんまり楽しくなかったですね（笑）。

それから、アートとデザインの共有領域では、「PostPet」（一九九九）もそうです。実をいうと、考え方は《視聴覚交換マシン》に近くて、このソフトは画面上のペットにメールを運んでもらいます。普通のソフトウェアは業務を効率化しようとして、メーラーであればメールを検索しやすくする方向に進化させるんですけど、そうじゃなくてむしろ不便にするという提案です。コモモというキャラクターにジェイソンのマスクをつけて運ばせられるんですが、いきなりこんなのが来たらぎょっとしますよね。あるいは自分の家に来た人のペットを、殴ることもできるんです。撫でたり、もてなしたり、おやつあげたりもできるんですけど。そうするとなんで殴ったの？と思いますよね。ペットはひみつ日記というかたちのレポートを書くんです。コミュニケーションを円滑に効率的にするよりも、トラブルやアクシデントを入れることを考えてつくったソフトウェアです。So-net から発売されたので、So-net から依頼されてつくったと思っている人もいるかもしれませんが、自分たちで企画して持ち込みました。

大崎　実際ペットを介したやりとりによって、普通のメールのやりとりよりも相手との距離感が変わるのでしょうか。

八谷　そうですね。端的にいうとPostPetをきっかけに結婚したとか子どもができたと聞くと、ある意味それは僕の子供同然だなあと思ったりとか（笑）。今は携帯電話で常時つながっていて、メールが来たらすぐに通知がきますが、当時はメールを見るのにすごくバリアがありました。パソコンを電話線につないで、ダイヤルアップで電話をかけてつながったらメールソフトを起動して、メールチェックボタンを押してメールをダウンロードするのが一連の流れでした。そんなかったるいことを普通の人はやってられないですよね。それを乗り越えるのにキャラクターを使った。「さっきペットでメールを送ったから見てくれる?」って電話をかけるようになって、電話で話せばいいのにという状況が生まれるんだけど、でもそのためにすごく面白い状況になった。だから、僕としてはこの仕事はアートとデザインの中間。要するに便利にするためのデザインではなくて、どちらかというとアート寄りの不便さをあえて導入しながらも、最終的にはデザインとして使っている。ダイヤルアップの面倒臭いところを乗り越えてメールを楽しく使うためにアートを導入したんです。だから大崎さんに、アートなの?デザインなの?みたいなことを先ほどから聞いているのは、自分もその中間でやっているからなんです。ただし、どちらかをベースに考えないとプロジェクトが成立しにくいと思うので、どちらかにベースを置いたほうがいい気がしています。

大崎　PostPet の場合は、ちょうど中間に位置している感じなんですか？

八谷　最終的にはやっぱりデザインですね。マスプロダクツであり、販売元である So-net としては売れないと困るので、売れるためにありとあらゆる手法を使った。プロモーションの費用がそれほどなかったので最初につくった着ぐるみには、僕が入ったりとか……（笑）。サラリーマンだった時に商品開発の仕事をしていたので、そのスキルを最大限に使って。工場生産を前提にしているような商品の場合、アート要素が入る余地があまりないというか、コンセプトを立ててもすでにある工場でつくれなければ実現できない。家を建てるのも近い世界だと思います。でもソフトウェアは自分の家のパソコンで作業ができるし、量産に工場がいらない。だからソフトウェアの仕事をしたいと思うようになっていきました。

PostPet はアートワークとしてのソフトウェアですが、売れなきゃ嫌だというエンタメ思考もあるので、そのために可愛いキャラをつくったりした。そのデザインは友達のデザイナーと一緒にやりました。

《障害の家》のようなプロジェクトは、やっぱりお金が最大の問題で、本当に自由に物事をつくろうとすると自分で予算を立てるしかないんですよね。だから、大崎さんがこれをやりたいのだったら、別のことで稼ぐのもいい気がします。デザインの場合はクライアントがいて、お金をいただく代わりにその会社のブランドイメージや企業の意見を聞いて彼らが喜んでくれるようにつくるんです。逆にアートプロジェクトだと思って自分でやっているものは、スポンサーもつけていないし制作費も基本的には自分たちで稼いでいます。アートであることを守る上で、ノースポンサーであることは、わりと大事だと思っています。自分がクライアントだから。一方で、さきほどのPostPetはSo-netに権利を譲渡しています。あれを実現することが一番の希望でしたから、So-netから制作費をもらいました。

《養老天命反転地》もエンターテインメントじゃないですか。

大崎　はい。テーマパークですよね。

八谷　《障害の家》を同じように成立させることはありえる気はするんですけどね。

さっきも言ったように、建築って建築基準法が厳しい。『風の谷のナウシカ』で出てくるメーヴェを実現させる《OpenSky》では、機体は飛行機の扱いになりますから、航空法に則って、航空局といろいろ打ち合わせしてやっています。建築物や飛行機は法令を守らないといけない部分がありますから、その大変さをどう引き受けるか、あるいは引き受けないで済むような設定をどうするかが結構難しいかな。《養老天命反転地》でも怪我人が出ると批判されたりする。

大崎　オープンの一日目から怪我人が出たけれど、荒川さんは「たった数人しか出てない」と発言したそうです。あれは最初から怪我することを想定しているところがありますよね。

八谷　まあ、それは荒川さんだから言えることであってね（笑）。

普遍的な障害を提示する

大崎　私は身体が不自由な人や知覚的に障害を持っている人に対して、健常な人が彼らの状況を体験することで感覚を拡張する、そういう自分を変える装置をつくりたいと考えています。戦時中は民間で個人用の飛行機が製造されていたけれど、戦後はそれがなくなったと八谷さんの本で知ったんですが、《OpenSky》は個人が空を飛ぶという人々の夢を思い出させてくれます。そしてまた、人々は「空を飛ぶこと」ができないというバリアを持っていることにも気づける。人間が持っている普遍的なバリアに対する問題解決としてのデザインに触れているような感じがして、僕のやっていることにつながっていると前から思っていました。《視聴覚交換マシン》も、いつもとは違う別の感覚につなぎかえられる。普段「他人になれない」ことはバリアとすら感じていないけれど、《視聴覚交換マシン》によってそれを認識する。そうした視点の転換が起きています。僕のやっていることも、身体に不自由がある人にだけセラピーとして成立させるのではなくて、人間全体の不自由さを乗り越えることによって、その手前の障害を測定誤差に入れてしまう──もちろん障害を矮小化してしまうのは問題ですが──、そんなことを目指しています。普遍的なバリアに気づいた上で、不自由さを身体化することが大事なのではないでしょうか。個人に対してそこから制作する八谷さんの作品に共感するところがありました。

八谷　今の話と関連すると思うんですが、《視聴覚交換マシン》にはコミュニケーションが欠かせません。相手が壁にぶつかろうとしていたら、「目の前に壁があるから危ないよ」って教えたり、自分が見たいものがあれば「ちょっと右向いてくれる」とお願いしたり、そういうことを言いながら握手できるようになるんですけど、言葉が通じない人とやるとこれが結構難しくて、外国の人と英語でやったりするとすごくもどかしくなったりします。ポルトガルの展覧会で展示したときに、聴覚障害を持つ現地の人たちが体験に来ました。言語によるコミュニケーションで関係が成立している部分がある作品ですから、どうなるんだろうと、心配していたんですが、彼ら彼女らは目の前で手話をしてやっていたんです。普段《視聴覚交換マシン》を使うとすごく賑やかになるんですが、聴覚障害の人たちの場合、みんなニコニコしているけど、音が全くない世界で手話だけでやっていた。返って自分の作品に適応しているのが予想外だったんです。たぶん大崎さんがお話しされていた、つくったものによって小さな差異を無効化するとか、そういうところに近いかなと。

ただ一方で、ぶっちゃけた話をしますけど、なんで「障害」にすぐ持っていっちゃうのっていうのは正直あるんですよね。芸大の大学院入試で面接官をしていると、みんなが作品制作を「研究」と言うのに違和感を持っています。大学院でやることは研究なんだから作品制作も研究だとは言えるんだけど、僕がもともと理系的なところからきたのもあって、研究って社会的なものだと思っているんですよね。公的なものだし、デザインに近いもの。一方で作家活動はすごくパーソナルなものだと思っているんです。だから、パーソナルで再現性がほとんどないものを研究ということに対する違和感があって。だから、サンプル数が少ないのに臨床として役に立つから、とやっていくと結構危険だし、あんまりやらないほうがいいんじゃないかなと思う部分が正直あるんですよね。

一方で、大崎さんの今までの体験とか現場での知見から、障害を持っている人たちが感じている環境を再現したりしたもの、あるいは壁が膨らんできて圧迫する家とか。ぎゅっとされることによって安心するみたいな。そういうのは誰にでもあったりもするから、そういうのを体験できる。それをつくるのにもお金がかかるし、ずっと自分の家にあるべきかというとまた違うけれど、あったら体験してみたいと思うんですよ。だから、役に立つみたいな方向をあまり言わないでいいんじゃないかなと思ったりするんですけどね。それは大崎さんのパーソナルな欲求からつくったもので、ベースにはそういう障害を持った方の感じているバリアを想像して制作しているわけじゃないですか。大崎さん自身に障害があるわけではないから想像することしかやっぱりできないんだけど、ちょっとでもそれをわかりたいと思ってつくったというのは十分な動機だと思います。僕が一番体験してみたいのは、ぎゅーっと圧迫されるやつですね。

大崎　「締め付ける部屋」ですね。あれは先行事例がありまして、テンプル・グランディンという動物学者が体を締め付けるハグマシーンというのを考案していて、日本では美術家の中原浩大さんが制作しています。

八谷　でも、あれと構造が違いますよね。

大崎　はい、だいぶ違います。グランディン自身が自閉症だったこともありますし、もともと牛を屠殺する時に暴れるのを防ぐために圧迫するそうで、それを見て自分を圧迫してみようと。そうしたらものすごく落ち着く。で、自分で開発してそれが道具になった。しかも特許を取らずに設計図だけ公開して、いろいろな人たちにつくってもらおうという広め方をしたんです。「締め付ける部屋」

は、そういった研究が背景にあって、部屋自体が締めつけてくる機構をつくることによって、他人から視線を浴びる空間を消去させ、皮膚感覚で空間を捉えようとする試みです。自閉症の人は他人の視線に対してノイズを感じ、拒否反応を示す感じがありますが、皮膚への圧迫感があると、自己感を感じ取れて散漫にならないんですね。

八谷　観念的にはそうなんだろうと思うんですが、「落ち着く」の完成度をあげようとすると、いっぱい考えることがあると思うんですよね。例えば圧迫してくるスピードや圧、あるいは壁の伸縮性、色、どのぐらいの密度なのかとか。それはつくって試さないとわからないので、どれかひとつシンプルなモデルでやってみて、何回もリサーチというか、健常者の方あるいは自閉症の方も含めて、どういうものが一番快適か――快か不快かは微妙なことで変わってくるから――、本当に研究してつくると面白いものになるんじゃないか。でも、それで治療の方向に持っていってしまうと、たぶん違うものに、大崎さんの作品じゃないものになっちゃう気がする。厚労省とかが入ってきて審査しなきゃいけないみたいなことになっちゃうから。

すごい根本的なことかもしれないけど、大崎さんが発達障害とか自閉症の子たちにすごく興味を持っているのはなんでなんですか？

大崎　それはたぶん、小児の臨床現場に関わることが多かったからだと思います。健常な人の社会の土台みたいなものとは全然違うところで、本当は人間ってバラバラに、自分自身の土台みたいなものを持っている。バリアフリー化は、社会の平均に合わせるということなら暴力的だと思うんです。そうではなくて、ちょっと土台が足りなかったら、その人自身の土台に合わせるようにつくれないかと。

八谷　なるほど。ちょっと足してあげるみたいな感じですね。ステップとか、スロープをつけたりとか。

大崎　発達障害の人は、生まれつき全然違う台座の上に生きている感じがあるので、その個人にとってどういった環境が意味を持つのかに興味があります。そして、健常な人にとっても社会の中でどう共存していくのかを考えなくてはいけないし、自分自身も実はそういった全然違う台座の上で生きているはずだっていうような思いもある。

作品制作の根底にあるもの

八谷　でも、そういう話を聞くとちょっときれいごとのようにも聞こえます（笑）。ＡＤＨＤだと、今は障害扱いされているけど昔は結構いっぱいいたりとか、アーティストはＡＤＨＤにあてはまる人が多いようにも思う。大崎さん自身にそういう気質があったりするのかなと思ったんですが。

大崎　あるかな、とも思うところはあるし、自分ではよくわかりません。それとは別に僕は自分のおばあちゃんと一緒に暮らしていて、ずっとリハビリを一緒にやっていたことが関係しているかもしれない……。

八谷　おばあちゃんっ子だったんですね。そうすると、認知症の人に対してアプローチしたいと思ったりもしているんでしょうか。

大崎　それは、これまであまり意識していませんでした。障害そのものよりも、人間のメカニズムや、脳はどうやって外側の知覚を変換しているんだろうとか、そういった関心から障害を持った人の臨床現場に関わるようになっていきました。認知症についても、意識そのものが衰えていくとはどういうことだろうとか。自分じゃそれって気づけないんじゃないかとか。内側で自分自身がなんとなく壊れていっても、ギャップがあって外からは見えないものだし、そういう自分自身が変化していってしまう体験や、その意識の在り方に興味があるんですよね。

八谷　なるほど。今いろんな疑問が氷解した気がします。自閉症や障害を持つ子供に対するアプローチで《エアートンネル》ができたんだと思うんですけど、ベースにあるのはおばあちゃんとの暮らしなのかもしれませんね。知覚がちょっとずつ壊れていくのをそばで見ていても、本人には自覚がない。記憶の層が薄くなっていく。

大崎　中学生の時には、おばあちゃんに食べ物を食べさせたりとか、便の始末をしたりとか、そういうことはありました。

八谷　そういう話には共感しやすいし、アート的にはわかりやすいですね。例えば回転ドアの「端のない家」とかは、そういう体験から来ているんじゃないですか。知ってるはずなのにぐるぐる回ってたどり着けない状態って、認識や記憶と結びついているわけじゃないですか。認知症の人の感じは簡単には体験できないけれど、「端のない家」はそれに近いもの、不安感みたいなものを体験できるんじゃないかな。大崎さんはまだ若いけれど、僕ぐらいの歳になってくると人の名前が出てこなくて恐かったりします。そういうのを相当強烈に味わえそうな気がします。

大崎　そういえば、昔、記憶にない幼馴染の女の子と作品をつくったことがあって。

八谷　え！　記憶にない幼馴染？　それは本当にいる人？

大崎　そうです。向こうが少し年上なので僕のことを覚えているんですが、僕は全然覚えていなくて。一歳半まで近所の路地で一緒に遊んでいたそうです。

でもその子、今引きこもりになってしまっていて、顔は出せない。路地に行っても僕には記憶がないし、その子にも会うことはできない。でもメールと電話のやりとりだけで相当濃密なやりとりをしたんですよ。

八谷　向こうはでも、大崎くんをよく知っていて、親しげなんだ。

大崎　「晴地くん」って僕のことを呼ぶんですよね。親同士は久しぶりに再会して、僕の活動について話したりしていました。

八谷　彼女は引きこもりになっていても作品制作には協力してくれたんですね。

大崎　はい、メールの文章もすごく文才があって感性も鋭い。そのやりとりが最終的に作品をつくることよりも重要だと気づいて、膨大なメールのやり取りだけが残りました。今もまだ会ったことないんですよね。

八谷　すごいね、共同制作者なのに会ったことない。それはとてもパーソナルなところから出発していますね。大崎さんの作品の場合は、下手するとデザイン寄りになると思うんですけど、公共のためだと考え始めるとどんどんやりたくなかったことに近づいていかなくちゃいけなくなる危険性がある。そこは周到に回避したほうがいい気がしますし、自分とつながっている作品を大事にしたほうがいいね。「端のない家」のように記憶が失われていく感じのように、間口の広いテーマとか。これだけ寿命が延びていると、誰しも最後は痴呆になってしまうことにリアリティーがある。対象を狭めずに、でも今までのバックボーンを捨てず、自閉症の人が来ても面白く体験できる、あるいは安全に体験できるように、その知識を使えばいいんじゃないかな。

大崎　そうですね。どうやってこのプロジェクトを着地させるかを考えたときに、自分の経験を反映してそれを体験できるものにフォーカスしていくのか、それとも実際に建築を建てるところを終着点にすべきなのか、まだ揺れているようなところがあって、今は両立して面白いものができないかと。

構想を具体化していくために

八谷　当たり前ですが、ここからが大変ですよ。模型は簡単にできるけど。ただ、やっぱり建築はヘビーですから、そこまでこだわらなくてもいいかなと思います。「継ぎ接ぎの階段」はそれだけを設置しても成立すると思いますし、あとフェルトの屋根も個人的には見てみたいです。仮設的なものだったら十分実現できそうです。一見すると難しそうな「迂回路」はエレベーターにもコストがかかりそうですが、オキュラスリフトのようなものを使って、コンピューターで体験をつくることもできたりすると思う。本当に物としてつくらなくてはいけないものとインスタレーションでできるもの、コンピューターの中だけでできるものとか、そういうふうに分けてやりたいものから順番にやっていけばいいんじゃないですかね。

大崎　インスタレーションみたいなレベルからもうちょっと拡大していくような感じですね。

八谷　例えば「聴こえない壁」は、家のかたちにすると逆にやりにくい気もするんですよね。実際に両方から低周波の音波を出して中間で相殺させて壁をつくるのは理屈ではできそうだけど、実際には壁の反響とかの関係で実現は難しいのではないかな。

大崎　一応メガホンのかたちにはしてあるんですが。

八谷　いや、それくらいじゃだめでしょうね（笑）。内部に防音材を張ったり、反響も計算しないとだめだと思います。

大崎　たしかに技術的には難しくて、もっと距離が短いものなら、相殺することはできるかもしれません。

　こういったアイデア・レベルから、いかにパーソナルな体験を殺さずに現実の建築物に到達できるか、建築家と技術的なことを協議しながら進めていこうと思います。八谷さんのこれまでのプロジェクトのやり方も参考にしたい。プロジェクトを進めていく上で、どのように拡大していくのがいいんでしょうか。

八谷　まあ、拡大しないのが一番の鍵ですよね（笑）。拡大してもろくなことが起きない。これはアートプロジェクトの場合で、例えばオープンソースのプログラムでやっていくなら別です。僕はアートってとてもパーソナルなものからスタートしているところに魅力があると思っているので、物事は拡大するほど公共的になって、人数が増えるとくだらない調整に時間を使わされる。あるいはそのプロジェクトを熱心にやりたいと思っているわけではない人が混じったりすると、簡単につまらなくなってしまう。それを避けるのが一番大事だと思いますね、広げないけど予算がかかるのなら自分で稼ぐ、それを僕は《OpenSky》でやっているつもりです。あるいは、荒川修作さんくらいメジャーになるしかない。ただ、ひとりではできないプロジェクトに関しては、この場合は建築家をパートナーにしたり、着実にやっていくのも重要です。それがすごく面白くて可能性があれば、どこかで成立できると思う。あるいはデザイン系のプロジェクトにしてしまって、僕がPostPetでやったように、お客さんからお金をもらえるようなものにしていって収益化するということかな。

大崎　商品にするとか。

八谷　建材メーカーからお金や資材を提供してもらうのはわりと良いと思うんですが、例えば科研費申請をしようとすると、きちんとした臨床データがないとダメかもしれません。それはそれでうまく発展できる方法もあるかもしれないけど、お金の得かたによってその物事の方向が決まったりするから、そこは慎重にやるのがいいと思います。逆に自分の作品じゃなくなってもいいのなら、どんどん広げていくっていうのもありえると思います。自閉症のアーティストが設計図面をパブリックにしたように、誰でもどうぞみたいにするのも可能性がある。でも、僕がなぜ作品をつくっているかというと、やっぱり自身でそれを体験してみたいからなんですよね。頭の中のイメージを本当に物にして自分の目で見たらどうなるか知りたい。そういう意味でいうと、なんらかの方法で実物をつくったほうがいいとは思いますが。でも、お金がかかるプロジェクトほど慎重にやらないと自分のものでなくなってしまうっていう感じはしますね。

大崎　このプロジェクトは、半分は研究、半分はアートとしての純粋さで成立していると思っています。リハビリとアートを考える場合でも、アートセラピーになっちゃうと幅が狭くなってしまう。そこをアートで拡張していきたい。

これは池上さんと対談した時に出た話で、実は障害を持つ人のほうが健常とされている人よりも脳の状態がゆたかであるということをこの家に住むことで示せたら素晴らしい。例えば視覚サヴァンとか、ある負荷を負うことによって別の働きや想像力がダントツに引き出されるような状態。絵がめちゃくちゃ緻密に描けるとか。

八谷　同じことを普通の人にやってもらったほうが面白いかもしれません。要するに身体的なトレーニングは、本来必要ないけど筋力を上げたり痩せることを目的にやるわけですよね。それと同じように健常者に対しても、ちょっと高負荷なコンディションをつくってあげて、それの知見とかノウハウを実は自閉症の人が日々感じていることをより強調して普通の人がやってみて、どこに負荷がかかっているかを知れれば面白いし、可能性がありそうです。

さっきのお客さんは多いほうがいいというのと一緒で、本当に治療に役立つとか、障害者の人のクオリティー・オブ・ライフを上げるみたいな方向でやっても、共感もされづらいと思うから、そうではないところをターゲットにしたほうがいい。《エアートンネル》の場合は、治療にも使えそうに見えますが、そこでエビデンスを求められるものではなくて、ポテンシャルを示すほうがいい。

個人に立脚点があるほうが自由さをちゃんと維持できるというか。要するに貧乏なほうが自由だみたいな、ぶっちゃけて言うとそういう話ですけど。美術家のアプローチはそういうほうがやっぱり良い気がしますけどね。

［「Grow up!! Artist Project 2014 報告会」アサヒ・アートスクエア、東京にて　二〇一五年二月一六日］

家という生き物

佐野吉彦
笠島俊一

建築自体に障害があるということ

大崎晴地　《障害の家》プロジェクトを始動するにあたって、笠島俊一さんと協働して進めています。僕自身かなり多義的に「障害」を捉えてアイデアを出してきました。今日は建築という観点から、《障害の家》をどう具体化させていくかを佐野吉彦さんにも加わってもらって話せればと考えています。

佐野吉彦　私が普段関わっているのは都市建築で、どちらかというと「硬めの建築」です。けれどもいろんな建築設計をするなかで面白い経験をしたのが《三鷹天命反転住宅》です。荒川修作さんのアイデアを日本の建築法規のもとでかたちにするのは、建築のプロフェッショナルの力を借りないとできないこともあって、共同で仕事をしました。それが大崎さんとの出会いのきっかけになっていますし、荒川さんとだけでなくアーティストとの共同作業をいろいろやってきて、その度に非常に刺激を受けています。今回の大崎さんの仕事もそうだと感じています。荒川さんから教わったことは、人と空間とのかかわり、つまり人が空間に対して働きかけたり、空間が人をある意味では束縛をしたりしながらの、生き生きとした関係性です。大崎さんの持っている問題意識も、荒川さんの持っている問題意識と近いんじゃないかなという気がします。

興味深かったのが、建築自身が壊れるとか、障害があるといった捉え方です。建築には寿命があるという話をよくしますよね。要するに四、五〇年経って建築が老朽化するというのは、人が年老いて弱ってくるのと同じだと。建築も生命体のようなところがあるので、アートの側から建築を問い直すと、新しい視点を獲得できるような感覚を得ました。

それで、今日そこにある作品を見せていただいて、建築の側からいうと建築空間の私が普段接しているような空間ではない視点に出会いたかったのだと思い至りました。こういった場を通じてアーティストも変わり、建築家も変わっていく体験をしたいですね。

笠島俊一　私はもともと設計事務所で働いていたのですが、それを踏まえたうえで美術作品をつくりたいという思いで、大学院に入学し、大崎さんと同級生になって、今に至ります。大崎さんからアイデアをもらって、建築の歴史のなかに既にあるよ、とか、具現化するのが難しいのではないかとか、やり取りをして取捨選択をしながら、まだかたちになってない紙の上のアイデアをいかに三次元に起こすか、建築家のアプローチでは出てこないようなアイデアをどうかたちにするのか、実現できそうなことと、できなさそうなことの、微妙に噛み合わない感じに、どう落としどころを見つけるのかが一番悩んだところでした。ですので、佐野さんがおっしゃっているように、建築家の視点だけだったらこうはやらないよね、という新たな発見もありました。

大崎　展示をしているアサヒ・アートスクエアは、視覚的というよりも、むしろ運動というか動きのほうから見た空間だと思うんですね。展示空間が真っ黒だし楕円形だし、ダンスとか音楽とか演劇とか、そういう視覚とは違うところで表現している人たちに出会うチャンスがたくさんあると思います。僕のやろうとしていることが身体のリハビリとアートの融合だったりするので、視覚美術よりも体の動きから得られるものが大きい。最初の時点では、ダンサーや演劇、音楽の人とコラボレーションするという話もあったんです。そこから建築を考えているから、いわゆる建築の発想とはまったく違う動機を持っているのだと思います。二〇〇六年の《ラファエルの暗箱》から二〇一三年の《エアートンネル》という遊具のような作品、そして今回の《障害の家》、この建築に至るまでのプロセスにはある必然性があるんですけど、すべて建築のような要素が含まれているというか、外側の建築というより体験することや、プライベートな感覚をいかに抽出できるかに関わるものです。《ラファエルの暗箱》も、視覚的には遮断しているけど、自分の頭の中を経験するための建築だったり、あるいは《エアートンネル》は身体の延長で、構造がまったくない骨組みのないテントのような状態にあり、人がむしろそこに入ることで構造が立ち上がり動くことで構造が生成していく、ある種のやわらかい建築とも言いうると思うんですよね。今回は図面、模型、アイデアのドローイングを展示していて、アイデアと最終的なアウトプットした模型との間にギャップがあるものも含まれています。そうした思考の断片だったり、スタディみたいなものが並んでいます。「障害の家」というものを概念から模型化することで、観客一人一人が自分で家をイメージしながらプランニングするという意味を込めて、《障害の家》プランニングという設定をしています。

本質的なユニバーサルとは

佐野　一見すると建築カタログみたいに見えるんですけど、ちょっと違和感があるものほど気になりました。例えば「家の中の山」。建築のなかに岩山があって、そこに木が生えてくる。建築が勝つか自然が勝つか、きっと自然が勝ってしまうんだろうなという、人間や社会の無力さみたいなものを感じさせるからすごく面白いなと思ったり。それから「うずくまる家」。さっき荒川さんの話をしましたけど、普通の状態でいくと垂直、水平に住んでいたほうが楽でいいに決まっているところを、この提案によって人間の身体の不自由さとか限界を感じる。住みたいかというと勇気がいるけど、すごく気になる作品だった。

大崎　「家の中の山」と「うずくまる家」は、一番規模が大きくて、人の成長と山の成長とともに、家の空間じたいも変えていかないといけないという提案です。そういう意味でも「障害の家」なんですけど、ここに至る手前の段階、最初のイメージは、山の一部が四角く囲われた空間とか、家の中に入ると大きな山があって隙間の中で生活するようなものでした。それを笠島さんと協議して、こういうかたちにアウトプットしてもらって、岩山になっているんですね。途中の段階で笠島さんといろいろ話し合ったときに出たもので、ロバート・スミッソンの遺作《マンハッタン島を旅する浮島》に複数の樹木を船に移植して引っ張るドローイングがあって、実際にそれがプロジェクトとして組まれています。あるいは土砂崩れの中に家があるものとか、岩の中に家がある作品も話のなかに出てきました。

笠島　「家の中の山」は、先に山があってその後に人工物の家をつくるのか、それとも家が先にあるのか、最初は設定がしっかりしていない印象でした。そこで何をやりたいのか、何が障害なのかを話のきっかけとして、具体的な事例を使いながら対話を進めてゆくやり方をとりました。

佐野　面白いのは人間にはかなわないものがあるということです。人間の知恵を超えた自然の強さとか、あるいはもっと言うと神のようなものがいて、人間がいくら知恵を尽くしてもかなわないという、そういうことを示しているようにも見えたんですよね。いろんな作品のなかで人間が自由に住まい方を変えながら住んでいけるものもこの中にはあるんですけど、それはどちらかというと人間の思い上がりのようなことでしかないのかもしれない。だからある種、住んでみたら意外に手強い状況に出会ってしまったみたいなほうが、自分の体を知るということにつながっていけるのではないかなと。

大崎　事前に佐野さんと話したとき、ユニバーサル・デザインみたいな考え方や住み手が自由に建築に関われる、設計できるプランだと、人間の思い上がりのほうに寄ってしまって、あまり自由じゃないんじゃないかとおっしゃっていましたよね。もっと人間に負荷を与える、障壁のあるほうが、実はユニバーサルなデザインなのかもしれない……、デザインという言葉と矛盾するかもしれないですけど。

佐野　「継ぎ接ぎの階段」もきれいなんですよ。階段の段差が違っている、住み手が自分で考えて段差を変えたら、結局、階段を上がるときにはわかっているわけですね。「あ、ここに段差がある」と。だからいったん乗り越えてしまうと上に上がるのになんの不自由もない。はじめてこの階段を上がる人は戸惑うかもしれないけど、その人だって二、三回階段を上り下りすればもうわかってしまう。段差はあるけど、全然障害でなくなってくる。だから障害のない使いやすい階段のほうが便利に決まってるんだけど、ひょっとしたらいくら住み慣れてもまだまだかなわないものがあるほうが面白いかもしれないと思ったんですよね。

大崎　解決できないものがあるとかですね。「継ぎ接ぎの階段」の場合は、一階と二階の間に階段がない建築を設定して、そこから住み手が自分で本とか積んで高さをつくって二階にたどり着かないといけない。この大きな青い段みたいなものは、本だけだと崩れて危険だから補助的に備え付けられている段で、ここに高さを重ねていく想定です。そもそも階段って、素材、建材としてあるにしても、実は高い位置に移動するための道具というか、概念そのものだと思うので、そういうものを人間の頭で考えて高さを建築していくプランニングだったわけですけど、たしかに佐野さんがおっしゃるように実際に一度積み重ねてしまったら、不動の階段ができてしまって、それ自体はバラバラでも体は慣れてしまって安定化してしまうかもしれません。そういう意味では「家の中の山」は自然の側もともに成長していくし、対処していかないといけない要素があるという意味で、《障害の家》のなかでもかなり上級というか、面白いものになっている。

佐野　我々建築の側の人間が日常的に設計するときは、そんな不安なものは設計しようとしないわけですよね。だから逆にアーティストの側から見たときに、建築空間とはこういうふうにあるべきでないかという建築家とは違う常識のところで、予想のつかないことが起こりうる可能性を示してもらったほうが空間に対して刺激を与えるんじゃないかなと感じます。

身体の不自由さを知る

笠島　佐野さんに非常に共感する点で、身体の限界というか、不自由さを知るという効果を持たせるのは非常にいいと思いました。例えば「聴こえない壁」は、物としてはそこまでインパクトはないのですが、左右対称の部屋があって、左右同時にまったく同じ音を流したときに、音の波がちょうど真ん中の面で干渉し合って消えるというアイデアです。しかし、実際には三次元の厚みがある身体があるので、ちょうど真ん中の境界面には立てないし、身体があることで左右同時に流れてきた音の波は乱れてしまうので、「聴こえない壁」を体験することは不可能です。

大崎　身体じたいがバリアというか、ノイズになってしまう。

笠島　模型をつくってみたらやっぱりそうだよな、と思うことがありました。「家の中の山」では、ランダムに岩山の模型をつくり、その上に壁や屋根や床をかけていこうと制作を進めたのですが、「家」にするために、なんとかして使えるスペースをつくろうとしても、どうしてもたどり着けない不自由な場所が生じざるをえなかった。普段、岩山を設計する対象として扱うことはないですから、そういうものを設計する対象として扱うのは面白かったです。

大崎　壁じたいを聴覚的にレイヤーで分けるとか、高さによって聴こえてくる音が違うとか、音で構造化するというアイデアだったんですよね。人間って左右に耳があるので、ちょうど左右違う音の間に立ったときに別々の音が聴こえる状態もつくれると思うんです。ヘッドフォンではなくどうやって音を右と左で構造化することができるか、音じたいが点から拡散する存在なので、そこに境界を張れるか、音による障壁をどうやってつくるかを考えてこのプランに至っています。

佐野　これ実際は、極めて不快な状況になっているんじゃないですか。どうなんでしょう。左右から違う音楽が聴こえてくると不快だし、なんとなく駅のプラットフォームで複数の案内放送が同時に聴こえてくるみたいな状況だと思うんですよね。そうするとどっちも聞きたくないから何のメッセージも受け取れなくなってしまうという皮肉な状況になって、結果的にはなんにも聴こえてない状態に近いというか、情報量がゼロになっていると僕は読んでみたんだけど、そうではないの？

大崎　最初はホワイトノイズみたいなものをイメージしていて、限りなくそのメディウムに近いような、音楽じゃなくてザーッというような雑音だったり、「聴こえない壁」に近づくにしたがって音が急激に音量が上がるとか、そういう聴こえない質感みたいなものも考えながら、音の建築ということを考えていました。

「うずくまる家」は四五度の傾きがあって、家が倒壊しているように見えるんですけど、これは家が積極的にうずくまっている状態です。中は四五度の斜面でできていて、同じ面を壁として使っている人もいれば床として使っている人もいる。ボルダリングの要領でどんどん上に登っていけますが、一階二階という天井で区切られた縦方向のレイヤーではなくて、同じ壁が実際は床面でもあるので、上に上がることが奥に進んでいくことでもあるし、建物そのものの重力を根本的に変えてしまう家です。これも実際にここにずーっと住んだら訓練室みたいになって、体がどうなっていくかわからない。

佐野 建築主には危険かもしれないのであえて提案はしませんけど、プランニングを少し工夫するとひょっとしたら成り立つのではないかと思っています。これ四五度で倒してますよね。うまくやればちょうど気持ちのいい斜めの壁面が生まれる気がします。普通の住宅のプランを倒すのではなく、斜めにしたなりの平面計画をつくるといい気がします。

大崎 家の屋根って、斜めになってますよね。その斜めを地面と平行にして建てるとどうなるかをもともと考えていたんですよね。屋根のかたちから重力を考えていくというか。

笠島さんは模型をつくってみて、面白かったものはありますか。

笠島 普段扱わない素材を使うことに関しては面白いと思っています。例えば「帽子の屋根」は、フェルトでできている模型です。模型だからフェルトです、ではなく、実物でもフェルト、というのが大崎さんの設定です。そういう普段は建物の材料として使わないものを扱うことで、全然違うものが立ち上がるかもしれないと思いました。

大崎 要するに素材じたいはこのまんまというか、一分の一みたいなことで、模型になってないようなものですよね。

笠島 他に、普通は考えない視点で面白いと思ったのは「軋む床」。建築設計としての形状やアイデアの面白さとは全然違うものです。素材の話もですが、建築のテーマに普通しないことをテーマにあえてしているところが面白いと思います。「軋む床」とか、シンプルなほうが掘り下げると何か出てくるんじゃないかな。

大崎 例えば、ある面の上で軋む度合いを構成して、あの位置にいったらこれくらい軋むとか、そっちにいったら大きい音がするというように、気配を床から感じとれる。床面との付き合い方から、家じたいを生きものとして感じとれないか考えて、軋む床のアイデアを出したんです。古い家には性格みたいなもの、情緒みたいなものがにじみ出てくる。あるいは住み手の性格が家に現れてくるとか、住み手と家とが同化してくるところがあると思うんです。この「軋む床」は、典型的な家の退化、壊れていく状態に味が出てくることを考えている。だんだん、家の障害を設計するときに、意図的なものよりも、意図しえないものをどうやったら設計できるかに関心が移ってきたんです。そもそも、障害ということが設計やつくるという行為と矛盾しているので、自然の変数を設計段階から組み込んで、障害を考えていかなければと、途中から考え方を改めているところがあって。意図的に障害を与えてしまうと、インタラクティブ・アートみたいに、単に与えられた空間に対してそれを体験するという一方向的な関係でしかなくなってしまう。それだと《障害の家》の意図していることとは真逆で、いかに作家あるいは建築家が意図しえない障害を設計に込められるか、事後的に想定外の事態が起きえるか、そういったことを障害と呼びたいなと。そして、どうやったら設計できるのかという意味を込めて、このディスカッションのタイトルを「障害の家を設計するとは?・」(注:イベント開催時のタイトル)というクエスチョンマークにしているんですよね。

佐野 今の話は、住み手に起因するものなのでしょうか。

大崎 建築そのものの障害ですね。

佐野 「軋む床」は、こんな言い方したら俗っぽくなるかもしれないですけど、商業空間にすごく使えそうですね。来た人によっていろんな軋み方をすれば、すごく面白いと話題を呼んで集客につながるとか。ちょっとポピュリズム的な感じがあって、《障害の家》から離れていってしまうかもしれない。

僕が面白かったのは、「中層」ですかね。顔を上げると外が見える。なんの変哲もないところで、見ればその日は雨が降っているとか雪が降ってるとか意外なことがあって、建築空間の持ち主にも設計者にもそこに訪ねてきた人にも、何も予期できない状況がある。「ここから見た雪景色がきれいだ」とか、「こんなところに首を出すんじゃなかった」とか、そういう意外なことが面白いなと僕は思ったんですね。

大崎　そうですね。これは空と地面を区切り直すというプランで、いろんな形状の変化によって空と地面の関係である地平線のバリエーションをつくろうというアイデアです。最初は天井にいろんなかたちの穴が空いていて、移動することでいろんな地平線を体験できることを考えていました。地平線は本来遠くにあるものですが、それを建物との間に再構築することで、目の前に地平線をつくり、空との関係が人工的な輪郭のかたち、空のかたちでもあるわけですよね。空との関わり方が体全身にも及ぶというか、ストーンと抜けた空に対して、自分の感覚が揺さぶられるところがあるというか。例えば屋上に上がった時に空と向き合うと、自分の立っている重心がぐらつくことってありますよね。そういった地平線との関わりによって、自分の体に作用を及ぼす提案です。

笠島　このアイデアを実現するのはすごく難しいと思っていました。実際につくってみた時に、大崎さんが今言ったような感じ方をするかどうか。どのようなサイズ感なのか、どういう穴のかたちであればいいのか、正直に言えば現時点ではわからないです。おそらく大崎さんの頭の中ではすでにイメージがあるのかなと思っていますが、詳細については実験してみないとわからないんじゃないかな。もしかしたら人工的に地平線を設定することで、「自分の地平線」みたいな感じ方ができるのかもしれないですが。

大崎　空には構造がないから、大きな何もない空間を見ているわけですよね。そこに光の屈折によってブルーに見えるという現象が起きていて、それに「空」という概念が当てはめられている。それに対して、空自体を遊ぶことができないか。地平線もそこに実際に線があるわけじゃないし、遠くにある状態は経験から知覚していると哲学者ジョージ・バークリーが言っていて、奥行きも実際にあるわけじゃないし、知覚の遊びもこういうプランに含まれていると思います。

佐野　青い空ばかりでなく曇りも雨も嵐の空もあるし、楽しいときに空を見たらとてつもなく明るくて美しいけど、つらいときに空を見ても喜べないとか、人間の状態によっても、どう見えるかは予期できない。それがうまく切り取れると面白いことになるなと思うんですね。

実際に建てることの意義

大崎　これまでのトークで《障害の家》を実際に建てるべきなのかどうかも話に出ていました。例えば河本英夫さんは、定住よりも一時的に住むようなモデルがいいのではと話されていて（八七頁）、日常は普通の家に住んで、たまに《障害の家》に一週間くらい住んで感覚を動かして帰ってくるほうが、ずっと住むよりもいいんじゃないかと。この空間の中に居つづけてしまうと、ちょっとおかしくなっちゃうんじゃないかというようなお話もあって。

佐野　どうでしょうか。荒川さんの《三鷹天命反転住宅》は住みにくそうに見えてちゃんと住んでいる人もいるし、たまに体験しにいくような建築の使い方では結局、何も変わらないというか。社会革命をしようというわけではないですが、週末に楽しいことをして平日は普通のことをしているみたいな当たり前の結果になってしまう気もします。なので、無理してでも長期滞在するべきだと思うんですよね。それは易しいことではなくて、実際に家をつくるにはお金も時間もかかるし、できたものに対して批判や批評を受けることになる。今の段階ではいいんですが、つくってみないことにはいろんな意味で突破できないのではないでしょうか。

大崎　いかにアートの複雑さを保ったまま、建築物として建てるかという矛盾を僕としては楽しんでいるところもあるんですが、そのあたりどう感じられますか。

佐野　建築を実現するプロセスって、つねに引き裂かれた状況なんです。つまり、建築家がつくりたい理想のスケッチを描いても建築主に気に入ってもらえなければ成立しないし、予算が足りなければ五つ考えたことが一つしか実現できなかったとか、そうしたなかで作品をつくっている。作品にならない建築もあったりするけれども、そういう二律背反のなかで生きているので、アーティストもお金がないと作品を実現できないとすれば、引き裂かれた状況を楽しんでいるだけでは突破できないところがある気がします。せっかく建築空間にボールを投げようとしているのなら、一回投げないといけない。ミットをめがけて投げて、ひょっとしたら簡単に打ち返されてしまうかもしれないけど、それでも投げてみないことには前に進めないのではないかと思うんですね。

笠島　話を聞いていて思い出したのが、「蟻鱒鳶ル」という名前の建物をセルフビルドで建てている、岡啓輔さんという方がいます。高山建築学校出身の建築家であり、自分で鉄筋と型枠を組んでコンクリートを流して、ちょっとずつ砂上の楼閣のごとくつくってる人がいるんですよ。未だ完成してないんです。

大崎　ずっとつくり続けてるんですね。

笠島　長年つくるなかで、建物のかたちが変わったりしています。《障害の家》も、完成形をかためてからつくりはじめるのとは違って、とりあえず始めてしまって、それを続けるのがいいんじゃないかなと思いました。極端な言い方ですけど、ずっと完成しない。でも、それでもいいかなと。完成形が決まっていると、「予期せぬことを設計する」ということと矛盾してしまうでしょうし。

佐野　ありえそうですね。

大崎　「蟻鱒鳶ル」は、住み手がつくり続けているわけですね。

笠島　住んでいるというか、ずっと建設現場の状態です。

住み手にどこまでゆだねるか

大崎　建築とアートの境界を考えたときに、どこまで完成の手前でとどまれるかがひとつの鍵だと思うんですけど、今回の場合、それは障害をどこに設定するかという問題でもあって、住み手にとっての変化とか出来事をどうやって生じさせるか。外から見たときには障害に見えていても、住んでいる人にとってはふだんの流れに乗っているだけかもしれない。何か変化球が来たとしても、その人自身はそれに答えてどんどん自分自身を組み替えていくような変化の渦中にある。《障害の家》を設定するときにはクリティカルな要素が含まれていなければわざわざ「障害の家」と言わないし、その障害を乗り越えてしまったら慣れが生じてやがて安定化しますね。その時は住み手の側に新しい行為が生まれるのかもしれないけれど、そこへ行き着くまでに住み手が創造したり開発するようなことがあってもいい。そこを含めて設計やデザインを考える。それってもしかしたらユニバーサル・デザインの話かもしれないわけですよね。

ユニバーサル・デザインの行き着く先は、ブリコラージュみたいにその場にあるもので本人が制作することかもしれませんね。本人にとってはそれがそこで起きるひとつの建築かもしれない。けれども、「自在さ」の方向へいってしまうと、ひょっとしたら他のアーティストの活動とあまり変わらないような気もしてきます。建築というレベルでやることに面白さや新しさがあるかもしれないけど、動物の巣づくりに近いわけですよね。要するに《障害の家》ではバリアフリーのことをどう考えていけるかで踏みとどまりたいとも思っていて、バリアからフリーを考えたいんです。完全に与えられたバリアフリーになってしまったら、そこで住み手が創造する余地がなくなってしまう。あるいはバリアフリーなのにバリア?とか、言葉と建築のアイデアとがどこかでギャップを持っていたり、乖離している状態もなんとなく自分にはあると思います。言葉はすごく手前に踏みとどまって説明するんだけど、建築自体はかなり新しい現実に踏み込んでいってしまうとか。その乖離を埋める方向がいいのか、乖離していくほうがいいのか。

笠島　いまおっしゃった乖離を埋める方向は、ブリコラージュ的に建築を構成する床や壁などが変わっていける可能性の話ですか？　ある程度後で調整が利く状態を保持できるように余地を持たせておく代わりに、むしろある程度使いやすさについては突き放して、「家の中の山」のように不自由な状態に住んでみてもらう、言葉よりも遠くに投げてみてもいいのではないか、ということですか。

大崎　そうです。それを「遠く」と言うか「手前」と言うかは微妙なんですけど。

佐野　人間って成長すると思うんです、もちろん住み手も。ある障害を持った人にしても、ある趣味を持った人にしても、一〇年先はどうなってるかわからない。健康な人でも急に病気になってるかもしれないし、音楽が好きな人がまったく音楽を聴かなくなることだってある。それは退化したとも言えるし成長したとも言えるしね。だから、案外想定する人間を手荒に扱ってもいいのかもしれないなと思うんですね。我々は公共スペースを設計するときには、ユニバーサル・デザインを採用します。それはいろんな人が出入りして、すべての人にとって便利じゃないといけないからユニバーサルである必要があるんだけど、極端な話、個人の住宅でその人しか使わないのなら、全方位に親切にしてあげなくても住み手が満足できる使い方ができれば、ユニバーサル・デザインに引っ張られることもないのではないかと感じます。

大崎　そうですね。もっと個々人にとってのユニークな環境があるし、そういう意味では住み手がそれを自分でつくる必要は別にないとも思うんだけど、何かのきっかけがあればどんどんその人自身が変わっていける、変わるきっかけを与えないといけない。バリアに対する「自由」は単純なバリアフリーじゃなくて、その人自身がバリアに関わることで、それがバリアでなくなっていくプロセスを踏むことだと思うんです。だから河本英夫さんはバリアフリーじゃなくてバリアスルーではないかとおっしゃっていました。本人自身がそれをバリアと感じなくなりそれを無視しはじめて、それが自分自身の生活をゆたかにするきっかけになっていけば、タイトルに強調されている「障害」を住み手は感じなくなっていくのかもしれない。だけどそこの部分をクリティカルなフレームとしてしっかり持っていないと、住み手自身がどんどん変化して始めの場所を忘れてしまっては、僕の手元を離れすぎて、プロジェクトとは関係のないその人の成長の話なんじゃないかと思ってしまいます。だからもうちょっとこのプロジェクトを、ある集中的に、あるいはもう少し長い期間で、ある程度プロジェクトの輪郭をはっきりさせておきたいです。

佐野　とすれば一年、二年で完成させる必要はあまりなくて、一〇年、二〇年かかってもいいんだと思うんですよね。必ずしもそれは一〇年間勝手に変化してくださいというわけじゃなくて、作家としての造形を最初にきちんと与えて動かし出すということはやっぱり時間が長くなっても同じだと思うんですよね。

大崎　そのほうが強度が保てるというか。

佐野　でもそれは保ち続けないといけないんじゃないかと。ひょっとして住み始めたような状態のまま進化させていくような作品にした場合でも、ある種作家としての縛りをかけながら進めることは必要ではないかという気がしますけどね。

大崎　そうですね。更新し続ける、作品との関わりが変わり続ける、それが作品の強度なのかもしれません。いい作品というのは飽きないし、再度その作品に出会うことで新しい自分に向き合う、変われる機会になる。そうなれば別に作品と呼ばなくてもいい気がしますが、住むという行為から逆にアートだということが最終的に証明されるかもしれない。

笠島　建築において重要なのは、物理的にも抽象的にも、フレームの設定をすることだと思っています。今回は大崎さんのコンセプトである「障害の家」がフレームで、そこがちゃんと設定してあればいいと思っています。そのうえで部分的、表面的に更新されていくことがあってもよくて、芯となるフレームをちゃんと設定してあれば、強度は継続するのではないかと思います。つくりはじめて、その後、一〇年かかるかもしれないけども。じゃあ、改めて障害の家のフレームって何なのかが今後の課題で、どうすれば、その変化してはいけないフレームの部分を組めるのか、だと思いました。

大崎　実際に住んでみないと何とも言えないところがあるので、実験的な試作としてのインスタレーションをつくりながら考えていきたいです。いきなり建築を建てて住んでみてくださいというわけにはいかないですよね。何度かスタディなり仮設的に住める空間をつくって自分で住む、あるいは誰かに実験的に住んでもらうというか、生きたスタディが必要だと思います。

佐野　いろいろ手順はありますよね。いきなりつくってしまう手もあるし、中間段階で仮設的につくるのもあるけど、でも最終的にやっぱりつくらないといけないと思うんですよ。そのための作戦を練らないといけないし、作戦を練るとなるとこれでいくという強度のあるアイデアに絞ってみないといけない。それでやってみて、結果的に計画がだめになってしまったということもあるかもしれないけど、一回、目指すところに向かって走り出す強度を持たないといけないと思うんですね。今回の展示はその意味で成功してると思うんですね。強度のある作品、アイデアを提示しているから、ひょっとしたらこの一週間の間にいろんな人が出した意見に対して歩み出すということをやるべきだなという感じがします。どのアイデアもそれぞれ花を開かせる可能性があると思うので、自分で確信を持つアイデアに向かって歩み出していってほしいです。

大崎　ありがとうございます。実際に家を建てる方向に意識が向かったというか、その手前の段階はもっと試行錯誤してアイデアを前進させて、ひとつひとつのプランをかたちに変えていくという作業から実験も含めてプロジェクトの立ち上げとなったと思います。横断的なプロセスを経て家を建てる現実的な方向に踏み出すことになるので、どういう人がそこに住むか、その手前の試行錯誤はアーティストとしてしっかりやっていきたいと思っています。

どれくらい先に建築を建てることになるのかは今すぐ決められないですけど、こういうかたちのプランニングだったり中間報告の機会を随時設けていきたいです。

[「Grow up!! Artist Project 2014 報告会」アサヒ・アートスクエア、東京にて 二〇一五年二月一九日]

会期―二〇一七年三月一八日―三一日
会場―たこテラス
運営―千住ヤッチャイ大学（あだちまちづくりトラスト助成）
主催―《障害の家》プロジェクト
協力―乾真裕子、河野真歩、白尾芽、横山昌伸
記録撮影―井上幸穂、津島岳央

フライヤー・デザイン―木下真彩
テクニカル・サポート―山形一生
協賛―㈱安井建築設計事務所／㈱ユニオン／
アイカ工業㈱／八千代電設工業㈱／三協立山㈱
助成―アーツカウンシル東京（公益財団法人東京都歴史文化財団）／
公益財団法人朝日新聞文化財団

2. 《障害の家》プロジェクト Barrier House Project

たこテラスは人々が集まり、楽器を奏でたり、絵本を読んだり、対話を生み出す場。そのコミュニティ・スペースと共存するかたちで、建物じたいを一つの装置として捉える。人間と建物の関係を見直し、機能的な家とは異なる状況、建物との別の関わり方を考える。

人々の発する音は建材を揺らす。低音は建材のシーケンスによって不連続に反響する。高音は人のいない空間を照らす光となる。家そのものを編集すること。築70年以上は経っているだろう木造家屋は、増築された跡がある。そこを再度、壊し、損傷を可塑的に補う脳のように、家を改装する。

もともと家そのものにある障害、また新たに施した障害。いろいろな障害のある家において、ありえたかもしれない生活を想像すること。

1 崩れてきそうな角材
2 段畳
3 床下の猫通路
4 天井裏の照明
5 割れた電球
6 壁の穴
7 振動する建材
8 山なりの畳
9 転びそうになる床
10 届きにくいところにある紙
11 破れそうな網
12 宙づりにされた椅子（タコ）
etc…

Random

今週の
目標
たこテラス

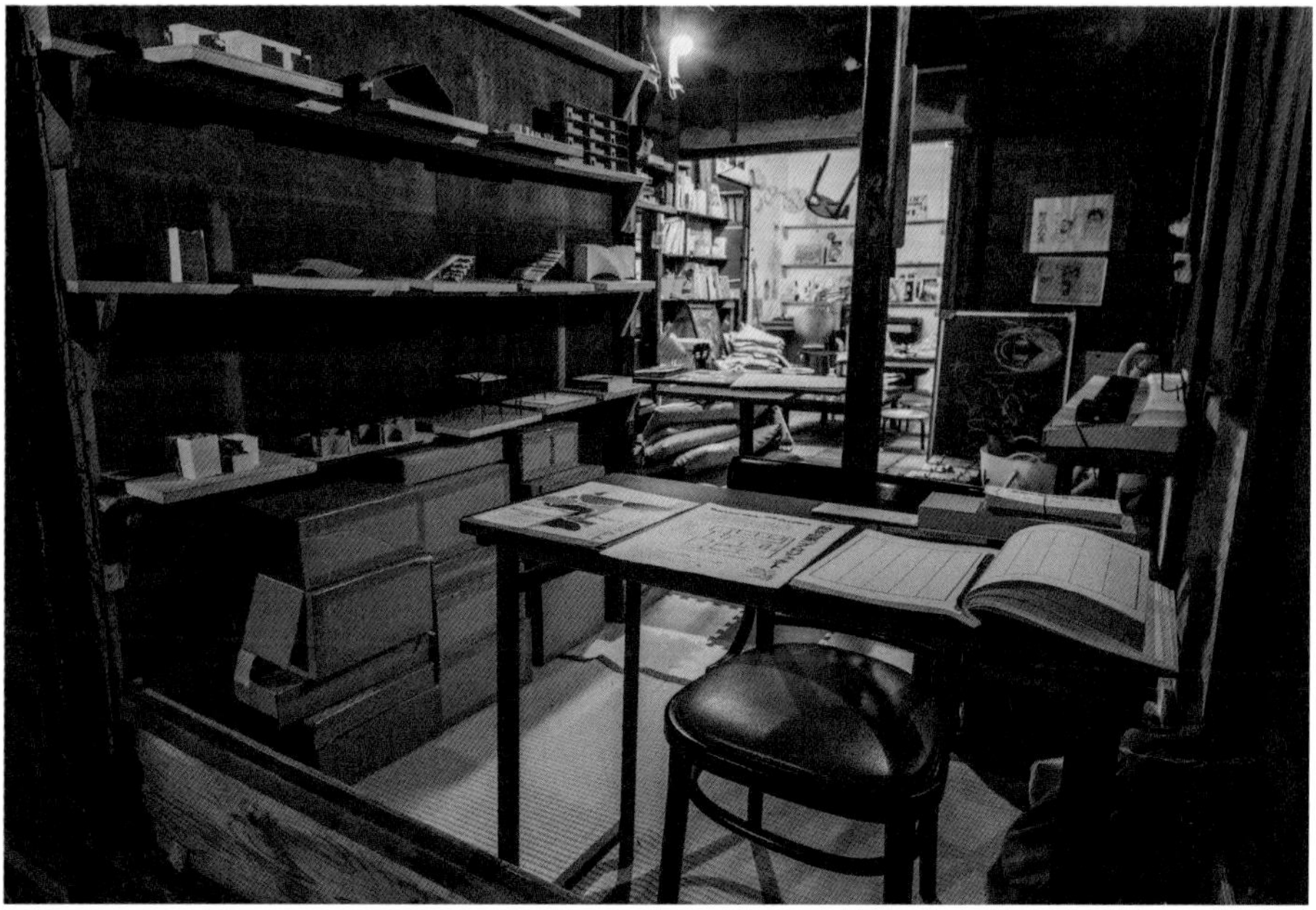

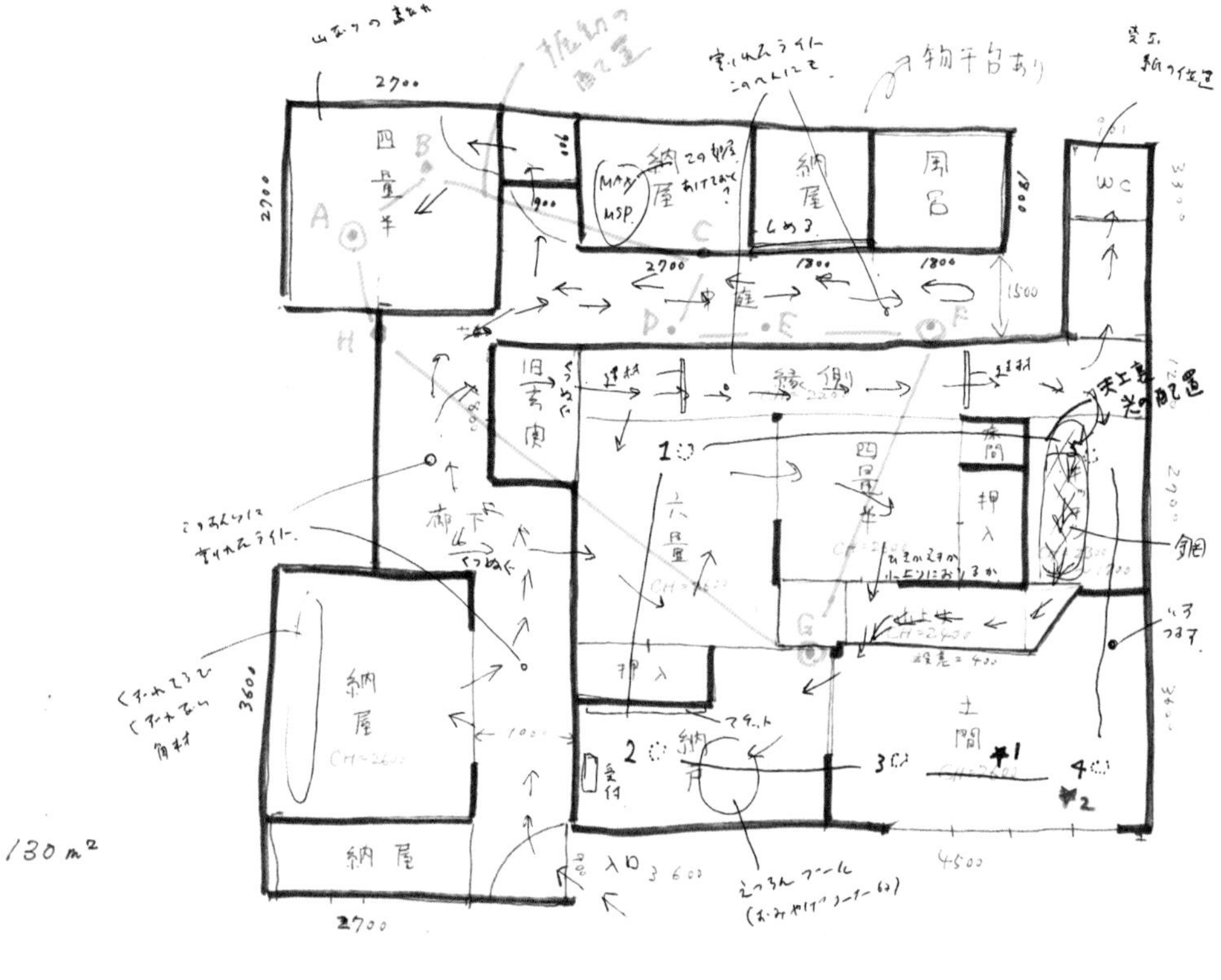

四畳半

納屋

風呂

WC

縁側

旧玄関

廊下

四畳半

六畳

押入

押入

納屋

土間

納屋

入口

受付

2700

1800

1800

2700

3600

2700

4500

130 m²

スペクトラムの時代の「家」に向けて

松本卓也

障害と健常の境が分けられなくなっている

大崎晴地　《障害の家》プロジェクトは二〇一五年に始まって、今回が二回目の発表です。一回目は「障害の家」というテーマ、コンセプトが先にあって、いくつかのアイデアをマケットと設計図に落としたものを発表しました。今回はここ北千住のコミュニティスペース・たこテラスで等身大の空間における「障害のある家」という、実際の生活空間を想定できるような発表になっています。実際に一軒の《障害の家》を設計するということを想定してこのプロジェクトを進めていて、さまざまな場所で実験的にケーススタディしていこうと思ってます。

もともと僕の活動は、脳損傷、脳の変容によって知覚や経験が変わる事象への関心から始まり、現在はリハビリテーションの現場に携わりながら芸術との関わりを考えています。近年はその背景を歴史的、批評的にたどるために、精神病理のほうに関心が向いてきました。美術には、シュルレアリスムもそうですけど、人間の深層構造をいかに表現に反映できるかといった、精神分析と密接だった歴史があります。現代美術の歴史の上でいろいろ考えたいことも多いんですが、まず話したいのは、精神病、統合失調症という病気が二〇世紀の現代思想の概念モデルとして提示されてきたということについてです。現代では統合失調症が減ってきていて、自閉症にシフトしてきたということが、臨床と人文知のなかで言及されている。松本さんは、これまでは垂直的な狂気みたいなものとして統合失調症があったけれども、今は誰もが小さな狂気、プチ狂気のようなものをもっていると書かれています。つまり、障害と健常という境がうまくつかなくなっている、スペクトラム化へとパラダイムが変動している。そうした時代背景があって、いかにコミュニティスペースや地域のなかで芸術や臨床を問題提起できるのかは、すごく密接な問題だと思います。そのあたりから話ができたらいいなと思うんですが。

松本卓也　建築や住宅には、人を特定のかたちにつくり上げる、つまり社会のなかでよいとされている「人間」に人をつくりかえるという側面がありますね。フーコーが紹介した監獄における「パノプティコン」のシステムもそうです。

今日、僕がこの《障害の家》を見て、一番はじめに思ったのは、これは秘密基地だな、ということです。小学生ぐらいのとき、山のなかに捨ててある畳を拾ってきたりして、その上にいろんなものを置いて、ここは誰のスペースで向こうは誰のスペースだとか、線を引いたりしましたよね。そういう場所があった感覚を思い出して懐かしい気がしました。

さきほど大崎さんのほうから、「隠喩としての病い」の位置にある病理が、かつての統合失調症（昔は精神分裂病と呼んでいました）から、徐々に自閉症のほうに移っているというお話がありました。哲学や現代思想などの人文知や、あるいは芸術にも、そのような時代の変化があるのかもしれません。

この二つの時代の大きな違いを決定しているのは、正常性を前提としてそれに対する逸脱ないし侵犯として異常性を考えるパラダイムと、そもそも正常性なるものは存在せず、誰もがスペクトラム化された「プチ狂気」なのだと考えるパラダイムの違いではないでしょうか。一昔前の時代は、正常性というのがはっきりと示されていた時代でした。つまり、学校でちゃんと教育されて「まとも」な大人になる、というような正常性が一方にあって、そういう人々は精神医学や精神分析の世界では「神経症者」と呼ばれていました。他方、「精神病者」と呼ばれる人々は、そのような正常性からの逸脱形態だったわけです。

かつての反精神医学は、そのような正常と逸脱の対立に対して抵抗した思想でした。つまり、既存の精神医療のシステムというのはある特定の人たちを「正常」として、その枠内に収まらない人に「精神病者」というラベルを貼って排除し、さらには精神病院に閉じ込めたり、「正常」の側に近づけようとしたりしている、と考えるのです。普通、精神科以外の医療においては、医師か患者かのどちらかが拒否すれば治療は行なわれませんが、精神科では患者が拒否しても、医師が必要だと判断すれば治療（強制入院）が行なわれる、という非対称的な構造が未だにあります。反精神医学の論者たちは、そのような構造を告発し、「狂気」をめぐる価値転倒をもくろんでいたのです。

かつて、統合失調症が論じられる際に採用されていた目線は、基本的に「悲劇モデル」でした。つまり、ひとたび統合失調症という過程（プロセス）が始まってしまうと、基本的には完治することはなく、急激ないし徐々に進行していくと考えられていたのです。もちろん、その過程のなかではそれなりに社会適応ができる人もいますが、一回始まってしまったら過程がずっと続いていき、最終的には人格機能が解体するというモデルで考えられていたんですね。

統合失調症が「悲劇の病」として隠喩化される前には、同じく「不治の病」とされていた結核がその位置を占めていました。そこから、結核文学が生まれます。悲劇化されると、文学のテーマになりやすいんですね。そして、統合失調症という「不治の病」になることは悲劇なのだけれども、その患者さんは、悲劇と引き換えに何かしらの「真理」に触れている、と考えられたのです。これはカール・ヤスパースが病跡学の古典である『ストリンドベルクとファン・ゴッホ』のなかではっきりと主張している事柄ですが、つまり統合失調症を病むということはたしかに悲劇的なのだけども、それと引き換えに、何か人間の深い真理に触れる芸術作品をつくることができるようになる、統合失調症という狂気はそのような意味での天才性と関係している、と考えられたわけです。草間彌生みたいな人を想像してもらうとよいでしょうか。要するに、かつての時代は、統合失調症という逸脱のなかに「真理」を見出し、その「真理」をつねに「正常」の側に回収してきたのです。

みんな「プチ狂気」をもっている

松本　ところが、現代では、精神障害をそのような悲劇モデルで見ることはかなり少なくなりました。なぜかといえば、社会の変化もそうですが、統合失調症という病それ自体が軽症化し、回復しやすくなったことがあげられます。かつては統合失調症について「治癒」という言葉はあまり用いられませんでしたが、現代では寛解やリカバリーという言葉がよく使われるようになりました。昔は、統合失調症といえば入院治療しかありませんでしたが、今では外来に通いながら普通に社会で生きていける人がほとんどです。このような時代に、統合失調症を悲劇モデルで見る視点がかつてと同じような仕方で機能することはできません。

二〇〇〇年代になると、いわゆる「発達障害」、特に自閉症に大きな注目が集まりました。自閉症の現代的な概念にみられるひとつの特徴は、障害を「スペクトラム」として考えるところです。もともと「自閉症スペクトラム」という言葉を使いはじめたのは、ローナ・ウィングというイギリスの精神科医で、彼女はいわゆるカナー型の自閉症と、アスペルガー症候群は実は虹のようなひとつづきの連続的なスペクトラムであるということを実証しました。さらに現代では、自閉症に見られるような特徴は、薄められたかたちで、誰もがちょっとずつもっているんじゃないかと考える理解が広まってきているようです。すると、「自閉症」かどうかは、単にそのグラデーションの閾値以上なのか以下なのかという問題にすぎないことになる。かつての時代には、「精神病」というラベルを貼られた人々が排除され、そこに見出された「真理」が「正常」の側に回収されてきたわけですが、世のなかにはいろんな濃度でいろんな障害をもった人がいると考えることが普通になると、特定の障害を悲劇的にメタファー化する必要もなくなってしまう。それが、現代における大きな変化の要因の一つではないかと思っています。

こうなると、かつての時代において議論されていた、いわゆる「正常」とそこから排除された「狂気」のあいだの非対称性、つまりどちらが権力をもつのか、あるいはどちらに主導的な価値があるのか、という問題は生じ得なくなります。むしろ、多様な「プチ狂気」だらけの社会のなかで、それぞれがどのように共存するのか、あるいはどのようにその「プチ狂気」をコントロールするのかが問題になってくるわけです。おそらくは今後数十年でその傾向ははっきりとしてくるでしょう。

大崎さんが『atプラス』で書かれていた論文（「障害と建築――生成する病跡学」）も、おそらくはそのような観点で書かれているのではないでしょうか。統合失調症の家族モデルを「家」に転用して、その患者さんを「家」という問題から考えてみると、かつての「家」は「正常性」を押し付ける装置であり、統合失調症はそこから外れるもの、つまり「家」に住めないから精神病院に入院せざるを得なかったと考えることができるでしょう。それに対して、自閉症者というのは「はじめから家がない、あるいは自分の輪郭さえ定まらない」人々なんだ、という言い方を大崎さんはされている。これは非常に面白い話です。かつてのような「正常」とそれに対する「逸脱」という仕方で「家」や精神病を考えているかぎりは、家にちゃんと住めているのかいないのか、という対立になるのですが、しかし自閉症というモデルから見た場合、どう自分の住まいをつくるのか、ということが問題になってくるわけなんですね。はじめから家がないからこそ、自分で住みやすいようにセルフビルドでつくっていく。大崎さんはそのような発想をもっていらっしゃるのかなと感じています。

空間から、その人の世界を体験する

大崎　論文にも書いたことですが、お互いを認め合うということを前提としてこの均質空間というものがユニバーサルなものになっていったということを建築家の原広司さんが言っていますね。均質空間はある意味で我々のデフォルトの空間になっていて、そこで思想、自分たちの考え方がつくられている。建築というのはそういう思想をつくり上げる、具体的にそこにあるものとして思想を強化していく側面があると。だからお互いを認め合うということが人間として善しとされる、ばらばらというよりは、お互いの対話の可能性を均すように空間が機能している。
人それぞれの価値基準を、建築にいかに反映できるのか。普通に建てられる建築のプロセスは遅いですが、設計プロセスの多様さをそのまま人が住むレイヤーと同じ視点から考えることができれば、環境を取り入れた他者との関係性がつくれると思うんです。人それぞれ、建築以外のところで何かやる、遊びとかスポーツで発散する、ということはあると思うんですけど、建築ではなかなか人それぞれの建築というものを設計のレベルで考えるのが難しいのではないかとも思うんですね。

松本 なるほど。今、相互理解の話がありましたけど、他者ないし障害をもっている人を理解する方法って、いくつかあると思うんですね。例えば、その人がどんな体験をしているかを聞く。自分はこんな幻聴が聞こえて困っているとか、こんなこと（妄想）を考えているんだとかを聞くような、言語を介する理解の方法がまずは試みられます。しかし、それはやはり言語を介しているがゆえに、意味もわかるし、それが奇妙な体験なんだということはわかりますが、その理解が本当にその人自身の体験に一致しているかどうかはわからないですよね。あるいは、その障害をもつ人がつくった芸術作品を見て、これはすごいな、独特な世界だな、ということがわかったとしても、それでその人のことが理解できたかどうかはちょっと疑問符が付く。けれど、障害をもちながら、自分がどう住むかということを考えながらセルフビルドしていった家は、自分が一番住みやすい家だったりするわけですよね。すると、実際に障害をもつ人がこの「障害の家」のような家をセルフビルドでつくって、その家に他者を招き入れたとき、それは自分の住んでいる世界そのものに人を招き入れるということになるのかもしれません。

この《障害の家》は、たぶんここに入った方はおそらくみんな躓(つまず)いたり、よろめいたりしながら観覧したと思うんですけど、一時間くらいうろうろしていたら慣れるんですよね。たしかに変な空間だけど、ここにずっといることによって体が慣れてくる。おそらくその状態は、この家をつくった障害をもった人の世界の体験とかなり近くなっているのではないかと思いました。

だから、建築を介する他者理解というのは、言語を介するものや、詩や文学作品などの言語芸術を介した他者理解よりも、おそらくはその個人の個別性そのものにダイレクトに接近できるのではないかという気がするんですよ。このなかに一時間ないし一日もいると、自分の身体が変わっていくということがあると思うんですよね。反対に、これまでのバリアフリー建築というのは、どんな人が来ても躓かずにいられることを第一義にしているから、そのような他者理解が働かない。

「人はみな建築する」

大崎　もともと病理的な経験にいかに近づけるかということを問題にしてきたようなところがあって、リハビリ的な、臨床的なモデルになるようなものと、同時に病理的な経験を共有するみたいな部分での、そこへの不可能性みたいなことを問題にしてきました。わりとロジックと一緒に芸術作品の経験を考えていくというのがこれまでのやり方だったんです。

松本　なるほど。これまでの他者に対する配慮や、他者との共存は、ある種のリベラリズム的な考え方にもとづいていて、自分とは違う他者や、自分とは何かを共有していない他者がたくさん世のなかにはいるけど、あの人はあの人だからね、という感じで突き放して扱ってきた。それが、共存のための作法であって、実際にはバリアフリー化というかたちで実現されてきた。しかしそれでは結局、他者理解はできていないわけですよね。

大崎さんはもともとリハビリへの興味から始めていますけど、リハビリテーションという言葉には、ふたたび「ハビリテーション」ができるようにする、つまり、住むことができるようにするという意味があるわけです。そのへんのつながりも面白いですね。

大崎　そうですね。他者理解ということも最初から共存するための技法みたいなことがあり、そこを住むところから考えていくということですね。「人はみな妄想する」という言葉がありますが。

松本　僕の本のタイトルね（笑）。

大崎　人はみな妄想するけれども、同時に臨床的な空間を考えていくにあたって、「人はみな建築する」という要素を考えていけないかなと思っていて。つまり建築というのは建築家とか設計者以外はなかなか手を触れられない領域で、自分でつくるというのは難しいわけですよね。だけど生活空間のレイアウトを変えるとか内装のレベルでは自分たちでもやっていることであって。自分たちで改築、増築していくとか、リノベーションやＤＩＹもそうかもしれないですけど、みなが「建築する」という状態を方法的に考えていけたらなと。

肯定だけで、つくられた家

大崎　僕がなぜ建築のほうに接近してきたか、松本さんがおっしゃったように「リハビリ」という視点においても必然的だったのかもしれません。言語や文学、芸術というよりは、どんどん共存するための技法として、建築という日常環境の側からその人の現実を考えていく、個人の内面を設計する方向に向いているんです。

例えば荒川修作が、障害という言い方はしていないですけど、傾いている床だったり、体に負荷を与えるような建築をつくったりしている。荒川さんは《三鷹天命反転住宅》で最終的には私的な生活空間そのものを、ある意味では真のユニバーサルにしたということが言われるんですが、ちょっと違うなと思い始めていることがあって。それは時代的なパラダイムの違いというのがもちろんあって、ダダイズムから荒川さんは始まっていて、何か「意味」に対する無意味みたいなもの、否定性みたいなことがすごく強く言われた時代に、何も意味しない行為の働きをダイアグラム化していた。もともとウィトゲンシュタインの言語ゲームなどを身体の手続きに置き換えていくようなところがありますからね。破壊的、否定的な部分は、性格的なところでの荒川さんの言葉や思想には現れているけれども、同時につくり上げられるものはわりと幾何学的で認知科学的な要素がすごくある。初期の意味の仕事は「建築する身体」というコンセプトに結実していきますが、それはいわゆる建築家の言う「建築」ではない。言語と建築の乖離みたいなことが起きていたと思うんです。それは建築分野においても現代思想の脱構築とかが流行していた時代に、ひとつのメタファーとして見られるところがあった。つまり、言語的な脱構築だけじゃなくて、建築においても脱構築的な建築のモデルが目指されていたような時代があったわけですよね。

でも今、否定性とか破壊みたいなことよりも、荒川さんの住宅はヘレン・ケラーに捧げていることにも現れていますが、ひとつのユニバーサルなモデルを社会に提示しているようにも思える。これはデュシャンの非網膜的なレディメイドの観念が、目の見えないヘレン・ケラーの身体を通じてダイアグラム化していく過程に出てきています。対して、《障害の家》はスペクトラムの時代に、もともと人それぞれの建築のあり方があってもいいんじゃないか、と。そうすると「建築する身体」のような行為に対して、もっと無媒介にモノそのものに触れてつくり上げていく方法というか、大事なことは、いかに実装しながら個別の方法をそれぞれが確立していけるかだと思うんです。それこそ別に発表するでもなく、自分で建築をつくってしまうアウトサイダー的な建築の文脈もあって、そことはもうちょっと線引きしたいというのがあるんですけど。

松本　その荒川さんの話は非常に面白いですね。つまり、荒川さんの場合は既成の「正常性」なり「意味」なりに対する「反転」が問題になっているわけですよね。あらゆる価値の転換がダダ的なものと結びついているのだけれども、そうすると、「正常」な住みやすい家から、「不自由」な住みにくい家になるわけですよね。でも、この《障害の家》はちょっと違うコンセプトなんですね。

ある障害をもっている人にとってはこの状態が一番住みやすい、一番しっくりくるということがコンセプトとしてある。荒川さんのやっていることが、脱構築や言語的な媒介に引きずられたかたちで既存の「正常性」をひっくり返そうとするものであったとすれば、この《障害の家》はそのような否定性にもとづくものではなくて、自分自身の個別性がそのまま建築で表現される、肯定性の建築という感じがします。

言葉では、どうしても理解できない

松本　言葉で他者の体験を理解する際には、どうしても理解できないことが残る。むしろ、その理解できなさという否定性によって何かを理解するという考えがかつてはあった。しかし、この「障害の家」に自分の身を置くことによって得られる体験は、言語を媒介として物事を考えるモデルから離れることを可能にしてくれるのかもしれません。

今、現代思想のなかでもそのような流れがありますね。クァンタン・メイヤスーは、これまでの近現代思想が、カントの物自体と現象という区別に代表されるように、世界にはどれだけ頑張っても接近不可能なものがあって、人間はそのような不可能なものが整序されたかぎりのものしか認識しえない、という考え（相関主義）にもとづいていたのに対して、むしろそのような立場から離れて、例えば物自体そのものを直接的に取り扱うことを試みています。そのような思想のなかでは、他者とは無関係に、自足的にあるような実在が問題となっている。この「障害の家」もそのような思想と共鳴する要素を、障害という身体のバリアの芸術として提示しているのかもしれません。

かつてハイデガーは、「言葉は存在の住処である」と言っていました。ラカンもまた、人間は象徴界という言葉の世界のなかに住まうことによって「正常」な人間になると考えていました。逆説的な言い方になりますが、おそらく大崎さんがやっていることは「住処は存在の住処である」という、ともすれば同語反復と思われがちなテーゼを立てたときに可能になる、ある種の他者との伝達や理解の可能性を追求されているのではないでしょうか。
ちなみにラカンにも、言語を媒介として物事を考える立場から徐々に離れていく流れがあるんですよ。ラカンは、言語によって媒介された主体形成を強調したことで知られているけれども、後期の一九七〇年代は、むしろ身体において何が生じているかということを問題にしていて、そこでは普通の言語（ラング）ではなく「ララング」という身体の次元に衝撃ないしトラウマとして与えられる言語が扱われている。ラカン理論の変遷を考えても、言語を媒介として考えている時期から、言語を媒介とせず身体ないしララングで考えている時期への移行がありますが、大崎さんがさきほど言われた荒川さんとご自身の違いという点は、そこに対応するように思いました。

大崎　建築って、理論的なものとの相関がわりと強くあると思うし、フロイトが建築をモデルにして深層と表層みたいなことを話している議論があって、そういったものをうまく現代ヴァージョンみたいなものに考えられると面白いと思うんですよね。

猫にとっては、正常な建築

松本　面白いですね。実際に障害をもっている人が自分の個性に合わせて、どんどんブリコラージュ的にＤＩＹでつくっていく。そういうふうにできた建築の何が特徴的になるかというと、おそらくそこには欠如がないということです。つまり、「何かがない」ということにならない。例えば、そこの下の通路に穴が空いていることを、欠如として捉えない。これは端的にこういうものとしてあるんだ、というふうに肯定的に捉える認識になると思います。

大崎　あそこは猫の通路になっていて。

松本　ああ、猫なんだ。

大崎　普通に入ってきて、下を通っていく。猫には正常な建築なんですね。

松本　猫にとっては、それは肯定性としてあるわけですよね。何かがない、ということではなくて。否定性の拒絶は、自閉症という臨床形態とよく関連しているんですよ。例えば、ラカンの講義のなかで症例提示されたロベールという自閉症者の症例がありますが、彼は家の扉が開くとパニックになってしまうんです。なぜかというと、そのロベールにはトラウマがあって、親に捨てられたり病院や施設から追い出されたりということを何度か経験しているんです。だから、彼にとって扉が開くということは、今まであったもの、自分の存在を安定させてくれる家がなくなるということなんです。つまり、肯定性だけによって身のまわりを満たすことによってかろうじて安定化している世界に、突如として否定性が侵入してくる。彼はそういうときにパニックになるんです。彼に他にどんな症状があるかというと、おまるに自分のウンチとかオシッコをするでしょう。それが片付けられる、つまりおまるのなかが掃除されて自分の排泄物がなくなるときにも、同じようにパニックになるんですね。

この症例のように、自閉症の子どもには、世界に欠如が侵入するときにパニックになるという傾向がみられます。だから、何かがなくなったときに、それを「欠如」として捉えてしまうと、やはり住みにくくなります。しかし、逆に「あるものがあるものとしてある」だけの世界をつくり上げて、どんどん自分の住処をつくり上げていくこともできる。自閉的でない、いわゆる「定型発達」の人々って、やっぱり住居のなかに否定性を導入しがちですよね。例えば、「わびさび」というのは、質素であって何かがないことによって、むしろ奥深さがうまれると考えるわけです。

死角をなくす病院、あえて死角をつくる病院

大崎　宮本忠雄という精神病理学者が、「実体的意識性」ということを言ってますけど、自分の背後に人がいるとか、精神病の患者さんは死角があるとそこに妄想が起きやすいということがあって、ある病院ではそういった死角をできるだけつくらない建築を建てようと。ある意味、それはバリアフリーですけど。

松本　バリアフリーですね。精神病院の建築にもいろいろ面白いものがあって、大崎さんがおっしゃったように死角をつくらないほうが良い場合もありますけど、反対に、京都大学附属病院の精神科の病棟（二〇一七年当時）は、松本雅彦という最近亡くなった有名な精神科医が設計に関わっていると聞いていますが、死角が結構あるんですよ。

大崎　あ、そうなんですか。

松本　うん。隠れるスペースがいっぱいあるんです。それはおそらく、どんな患者さんがメインで入院しているかということによっても違うと思います。統合失調症の患者さんだったら、後ろの気配が気になるということがあるけれども、もうちょっと病理の浅い最近の統合失調症や、神経症とかパーソナリティ障害の患者さんになると、むしろ隠れられるスペース、人から目に付かず誰にも監視されない、けれども個室ではなくて外ともつながっていて、こっそり何かができる、というくらいの空間があったほうが生活しやすいんじゃないでしょうか。おそらく、そういう発想をもとに死角になりうるスペースをつくっているのでしょう。その場所に入院している人たちの特性に合わせて、一番住みよい建築というのがきっとあるのでしょうね。統合失調症の人たちと、もう少し病理の浅い人たち、あるいは自閉症の人が住みやすい建築ってたぶんそれぞれ全然違う。だからさっき大崎さんが言ったみたいに、みんな建築するべきなんでしょうね。住宅ローン減税じゃなくて、リノベーション減税みたいなのをつくって、奇妙であればあるほど税金が下がるとか（笑）。

大崎　（笑）。妄想というと、どちらかというと視覚的なものとの関係が強いと思うんですね。イメージのほう。だけど自閉症になると触覚とか体感に近い部分での行為のほうに近づくところがある。または視覚的すぎるから触覚過敏にもなるとも言えるかもしれません。物との関わり方って、物それ自体と触覚的な部分との両方で成り立っている。視覚的にあるものがない状態を恐がるということと、見えているところしか見えないという自閉症の特質として言われる感覚は、かなり違う印象がありますね。

酔っ払いの感覚を体験できる部屋

松本　やっぱり、まずその斜めの畳に寝てみないといけないですよね。僕が一番面白かったのはその奥の畳の部屋で、真ん中が盛り上がっていて、入ると振動する部屋です。入ったら目が回るんですよ。酔っぱらって帰ってきたときってこんな感じだな、というのを素面でも体験できる（笑）。逆に、酔っぱらいだとあれが心地よいのかもしれないしね。

大崎　視覚と体感のズレって、これまで認知心理学で錯覚とかいろいろあったんですけど、身体のほうだけで錯覚を起こすという研究は少ないのではないでしょうか。

松本　たしかに錯覚も視覚優位で研究されてますね。もうちょっと欲を言うと、大崎さんと笠島さん以外に、他の人がつくった「障害の家」も見てみたいですね。

大崎　そうですね。つくる人間が違うとまったく違うものになってしまう。

松本　そこでさっき言った他者性、他の人と切り離された個別性というものがはっきり見えてくる。そして、その上で障害の別種の理解ということが可能になるかもしれない。

大崎　それが生きた批評というか。

松本　今度、もうちょっとスペースを拡大してできるときは、全体を二つに仕切って二種類の「障害の家」を往復できるようにするのも面白そうです。

〝ホーム〟としての「家」がない

松本　ところで、臨床で患者さんの話を聞いていると、「家」という言葉は、だいたい三つの意味で使われるんですよ。一つは、「家柄」とか「家系」とかを示す場合。二つ目は、自分のホーム、ホームグラウンド、つまり一番住み慣れている場所であるところの「家」という意味で使う場合。もう一つの使い方は、ただの「ハウス」、もっと言うと単なる「ビルディング」です。この場合、自分の原点とか住み慣れている場所という感じのニュアンスがまったくない。そういう言葉の使い方をする人もいて、あれっと思うわけです。ブランケンブルクの症例アンネ・ラウなんかも、「くつろげる家庭がない」「もうそろそろ安らぎの場がほしい」というのが口ぐせであったようですが、彼女の場合もまさに「ハウス」に住んでいるのであって「ホーム」に住んでいるのではない感じがします。単に自分が一時的に体を置いておくためのツールという感じなんです。ブランケンブルクのいう「自然な自明性」というのは、「ホーム」としての家に住むことができること、というふうに言い換えることもできるでしょう。そういう意味で、アンネ・ラウのような統合失調症の患者さんには「ホーム」としての家はないし、さきほど話題になったように、ある種の自閉症の人々も「はじめから家がない」ということがありうる。

自閉症の例だと、テンプル・グランディンという有名な方がいますね。彼女は、ハグマシーンという機械をつくってそれを自分の「ホーム」にしたわけです。その機械は、自分の体を押さえつけてくれて、彼女はその中でだけ安心できるのです。彼女にとっては、あれこそが「ホーム」としての家なんです。すると、彼女が住んでいる実際の家というのは彼女にとってはただのハウスですね。そこまで極端な事例は稀だとしても、そのような傾向があると思うんです。

大崎　グランディンの締め付け機は、本人はあれがないと落ち着かない状態ですけど、外から見たら拷問器具のように見えてしまうので、もうちょっとあれを生活空間として活かせないかなと常々思っていて。壁を可動式にして内側にいてひっぱると壁が押し寄せてくる「締め付ける部屋」とか。

さわることで、身体の境界を確認する

松本　触覚によって自分の身体の境界を確認するというのは重要なのでしょうね。猫は狭いところが好きだし。自分の身体の境界がわからない場合、さわることによって、自分と外界との境界線を把握できるというのがおそらくはポイントなんでしょうね。

フランスで行なわれている自閉症の治療で、「パッキング」という非常に変わった治療法があるんです。パニックの状態になっている自閉症の子どもを、濡れたシーツで包むんです。冷たいシーツ

で包むことが拷問みたいだという批判もある治療なんですが、実際、それをやると子どもたちはよく落ち着くんだそうです。これも、身体や触覚のことを考えると非常に面白いです。冷たいシーツで包むと、自分の体温によってそのシーツの温度が変わってきますよね。それによって、自分の身体と外界の境界を確認できて落ち着くんだということでしょう。パッキングは一見、拷問的に見えるんだけども、それが自分の身体と外界を分けるための装置として機能していて、それがないとうまく生きていけないっていうタイプの人たちがいるようなんです。もうちょっと洗練されたやり方やガイドラインができれば、決して捨てたものではないのではないかと思うのですが、やはりこのご時世では風当たりが強いようです。

大崎　そうですね。これまではわりと引きこもりとか、私的空間に閉じこもる、出てこないっていう状態として捉えられていた。だけど、今話している自閉症のあり方というのはもっと視覚的に遮断するだけじゃなくて、触覚的に締め付けたり。自分自身も自分から隠れられないじゃないけど、そういう意味では逆に開かれているような感じもしていて。

松本　締め付けることによって開かれている。

大崎　うん。そういう姿勢をもっていないと、とても非定型発達の建築っていうのは無理だなという感じがありますね。

意味はわからないけど、読むと楽しい

松本　哲学における独我論にも似てくるんだけど、あるタイプの独我論というのは、「自分しかいない」とか「自分以外はみなロボットである」という考えではなくて、むしろ世界のすべてが自分だと思っているようなものだという考えですよね。その状態に対する〈外〉をどう考えるか。自閉症を参照することによって、閉じこもっている自分の限定的な状況からはじめて他者というものが現れるという逆説が考えられるようになる。

　ジェイムズ・ジョイスの作品、特に『フィネガンズ・ウェイク』は、英語だけじゃなくいろんな外国語を使って、意味の水準では理解しようのない途方もない言語芸術をつくりあげています。あれも、ある意味では建築ですよね。徹底的に私的言語なんですよ。プライベートなものであって、ジョイス本人にしか意味がわからない、伝わらない私的言語としてある。だけれども、ジョイス自身があれを朗読しているテープを聞くと、彼が実に楽しんでいる様子がわかるんですね。実際ジョイスが朗読したテープの一部がネットで聴けるんですけど、すっごく楽しそうに音読してるんですよ（笑）。視覚で文字を追って理解するのではなくて、口腔や咽頭の感覚でそれを再現して体験できる。後期のラカンは言語の意味ではなく享楽に注目しましたが、そのときに彼がモデルにしたのがジョイスであったことはその意味で必然的であったのだろうと思います。

大崎　それはクルト・シュヴィッタースにも言えて。メルツバウという自分の家のなかを洞窟のようにした作品をつくった人で、実際に見た人はほとんどいない、記録にしか残っていないほぼ伝説

みたいな家なんですけど。彼も声とか音の作品も作ってるんですよね。意味というよりは音自体の響きを作品にしていて、すごく今ジョイスの話に通じるなと思って。

松本　なるほど。

大崎　言語自体が建築であるというか、意味としてよりも文体という建築。そういったパフォーマティブな芸術作品と、同時に家自体の建築の設計をパラレルに考えていくということなんだろうなという気がします。

松本　そうですね。新しいものが見えてくる感じがしますね。

大崎　ちなみに排除アートって、要するに公共空間にホームレスの人が居座れないようにトゲトゲみたいなものが置かれたりというものです。あれもある意味で障害だと思うんですけど、ただあれは記号そのものでできていて、そこにいちゃいけないということが建築されているわけですよね。《障害の家》は記号ではなくて、もっと生活する身体にとっての手続きとして、人々のほうから空間を考えていく、ということをしている。

松本　そうですね。排除アートはまあ露骨に排除の記号として機能していますけど、露骨でない排除的な建築もたくさんありますよね。私は京都に二〇一六年から住んでいるんですが、たまに東京にやって来ると一番疲れるのは新宿駅ですね。新宿駅って、止まることができないんです。しかも人の流れがちゃんと整理されていなくて、大きな柱の後ろの死角からどんどん人がやって来るから常に体の緊張を強いられてしまう。関東にいたときにはあまり気づいていなかったけど、久しぶりにくると、改めて、ああすごい疲れるなと感じます。人間ってよく東京に住めるなと今さら思っているんですけど（笑）。

でも、ここは立ち止まりまくる場所なのがいいですね。今も子どもたちがそれぞれの場所でめちゃくちゃやっているし。……だんだん静かになってきましたね。最初にキャーキャーと騒いでいても、だんだんとここに住むような感じになってきている。

「自閉的都市」はできるか

大崎　都市設計に関わる人はあえて目的地に直線で結ぶんじゃなくて、迂回路をつくったりして人間の動線をコントロールしたりとか、人それぞれの行動のあり方を、物からまさに設計しないといけない。そういう意味で自閉症は私的な自身の空間の境界から考えないといけないから、都市とはかけ離れているかもしれませんが。

松本　自閉的都市ってできるんですかね。

大崎　概念的にはありうると思うんですけど。

松本　この《障害の家》が広がっている都市（笑）。

自閉的都市を考える場合、そこにおいて公共性はどう担保されるのかを考える必要がでてきそうですね。プライベートとパブリックが分かれているというのが「定型発達」的な建築だとすれば、ここはそうはなっていない。この《障害の家》の場合は何というか保護区という感じになっていますね。ここはすごくロケーションが良いですよね。自然に子どもが来ています。子ども食堂もこういう場所でやると一番いいですよね。子どもが普段から来ているところで。しかもオープンスペースでね。同じように施設や病院を考えることができるとすれば、どのような都市が生まれるのか。

大崎　芸術やアートというよりは現実そのものを組み替えるというか、家そのものを変えて、招き入れる空間そのものが出迎えてくれるみたいな、そういう設えみたいなことになればいいなと。それが何かバリアをもった空間なんですけど。偶発性や出来事というのはそこから初めて考えないといけない。

これまではカフカの「掟の門」みたいに、そこに誰かが来たら城に入らせてくれない門番がいて、なぜそこを通してくれないかというと来た人のために自分は立っているんだということを門番は言うわけなんですけど、それは比喩的に二〇世紀の思想の中でよく使われてきた不条理のメタファーだった。だけど、今は僕が考えたいのは建物自体が門番というか、建物自体がその人のために招き入れるんだけど、それがバリアとの共存になっているという。バリアを排除するのではなく、生活のなかで自然にある状態を考えていて、障害者の存在を肯定する家なんです。客を招き入れる閾（しきい）（敷居）自体が更新されるような、建物と人との関係性をつくっていきたいというふうに思っています。

［「《障害の家》プロジェクト」千住たこテラス、東京にて　二〇一七年三月二〇日］

会　期｜二〇一八年三月九日｜三〇日
会　場｜墨田区京島三丁目六二-六
主　催｜《障害の家》プロジェクト Barrier House Project
協　力｜㈱阿部製作所／㈱エイゼン／墨田スタジオネットワーク／39アート in 向島 2018／後藤大輝／角田長屋／sheepstudio
会場・制作スタッフ｜浅川郁、五十嵐めぐみ、乾真裕子、大友あゆみ、カク シキョウ、神崎悠輔、小菅玲奈、高田洋三、高橋大斗、瀧口幸恵、櫻井秀美、しまだはるか、白尾芽、須貝美紀、長加誉、長友人、中井亜沙子、中島壮樹、にいつひろかず、灰谷あゆむ、まとばたいき、松岡真弥、三上はるな、宮林妃奈子、村瀬朋桂、吉富大起
施　工｜北条工務店
記録撮影｜金川晋吾、津島岳央
フライヤー・デザイン｜木下真彩
助　成｜アーツカウンシル東京（公益財団法人東京都歴史文化財団）／公益財団法人朝日新聞文化財団／公益財団法人野村財団

3. HYPER-CONCRETENESS ——フィクションと生活

本展のタイトルになっている「ハイパー・コンクレートネス」（超具象）は、障害のある個人の経験に近づくために、その共約不可能な現実にあてた概念だ。壊れた現実は、可塑的に組みなおされる「しなやかな硬さ」を合わせ持つ。いまだ「私」になる以前の幼児が、抽象的にモノと戯れることも一つの超具象であろう。または錯覚も一つの現実であると言い換えられる。個人の感覚の境界を分けるのは出来事であり、モノとしての身体から再び生活を組みなおすために、別の現実に踏み込むための「裏口」を設計してみよう。


〈展示内容〉

第一会場「斜面の床」

金物工場やゴム製作所が隣接する長屋に、突如立ち上がった斜面の床。上履きを履いて、床に空いた穴からよじのぼっていくことができます。

穴から見える景色、それぞれ異なる斜面の動勢、位置の変化で様相を異にする外の風景の知覚。

第二会場「中層」
もともと二軒の長屋だったところの中央の共有壁を抜いたため、線対称の鏡面空間になっています。二階の床は抜かれ、梁だけを残して下へ移動（スクロール）し、床が低い位置にあります。一階の天井の低い部屋から階段を上がり、梁の下に降りてみましょう。外からは見えない隠れた隙間が中層です。本来は床下と天井裏の隠れた隙間が大きくなり、人が入れる空間になっています。さらに二階は床下が高くなり、屋根に近い位置にあります。片側の長屋の屋根の瓦はそのまま下の床へ移動しています（雨の日は雨漏りします）。関東大震災の後に建てられた長屋は、被災して焼けた大木がそのまま梁の素材に使われています。

複数の自閉から成る世界

小倉拓也

司会：飯岡陸

カオスに抗して

大崎晴地　《障害の家》プロジェクトは、二〇一五年から開始したプロジェクトで、バリアフリーに向かう均質な空間ではなくて、バリアに向かう建築物に住むことを検証していくスタンスで始めました。家屋そのものを使った発表は、今回二回目ですが、これまではソーシャリー・エンゲイジド・アート的な要素が強かった。今回の展覧会のかたちは、もうすこし物とか人間が関与できないオブジェクト性や共約不可能な経験というコンセプトを掲げていて、昨今の現代思想とのつながりが強く現れている発表になっています。障害のある人の経験は理解不可能な部分が強く、そこにはまずバリアがあるところを掘り下げていくということで、「HYPER-CONCRETENESS」という展覧会名をつけました。「超具体」とか「超具象」と訳して考えてもらえればいいと思います。現在の社会は、情報化社会で速度の速い、情報過多な空間に置かれていて、コミュニケーションも過多だし、その流動化のなかで脊髄反射的に応答してしまうところがあると思うんですよね。そうではなく、人それぞれが持っている障害の固有性に働きかけて、硬質なものとして経験を捉え直そうというメッセージを込めました。

飯岡陸（司会） 大崎さんはこれまで環境や物と人との関わりを扱われてきたのですが、ドゥルーズの哲学における老いや自閉といった概念に注目した小倉さんの研究と重なる部分が大きいのではないかと思います。

小倉拓也 私の議論の中心にあるのは、ドゥルーズが晩年に提出する「カオスに抗する闘い」という概念です。これを中心に据えて、老いや自閉について考えてきました。ここで言うカオスとは何かというと、ドゥルーズ自身の定義にしたがうと、おおよそこういうことになります。つまり、経験を構成する要素が、何も生み出すことなく、現れると同時に消えてしまうような状態のことです。喩えになりますが、「瞬きする度に記憶喪失する」といったような状態です。経験を構成する要素、例えば視覚に与えられるその都度の「見え」でもいいのですが、これは通常であれば連続的です。一、二、三……と、先行する要素を踏まえながら展開していく。まとまりを形成する。これに対して、ドゥルーズが言うカオスは、瞬きする度に記憶喪失するような状態ですから、その都度リセットされて、一、一、一……。ずっと一のまま。先行する要素を踏まえられないわけですから、その都度「同じ」とも言えませんし、「変わった」とも言えません。

通常であれば、つまり一、二、三……を自明のものとすれば、これは何らかの病理的な、あるいは障害的な、「異常な」状態と捉えられます。面白いのは、ドゥルーズが、これこそが私たちの経験の出発点だと考えるということです。例えば、生まれたての赤子や幼児のことを思い浮かべてみても、その経験のあり方って、一、二、三……というよりも、一、一、一……に近いと言えると思うんですね。そしてまた、年老いていくと、やはり一、一、一……に近づいていくだろうと。一、一、一……というのは、特殊な異常状態というよりも、むしろ私たちが生まれて、生きて、死んでいくとき、つねに根底にあるものだと考えることができます。

このような視座から、ある種の病理や障害とされているものを捉え返すとどうなるか。それらは、この一、一、一……に対して、一、二、三……とは別のやり方で対処しようとすることだと言えるのではないか。つまり、それらは、一、二、三……の単なる解体なのではなく、その解体的契機に対するある種の防御作用であり、闘いである、つまり「カオスに抗する闘い」であると。

ある自閉症者の自伝的書き物には、ある建物に入って、同じ扉から出てくると、そこがどこかわからないというような、とても印象的な記述があります。まさにそこでは、一、一、一……が顔をのぞかせているのではないかと。自閉症においては、このような事態に対して、同じであることに強く固執する、執着するということが指摘されますが、それは、瞬間ごとに連続性なしにリセットされてしまう世界に対して、ミニマムな連続性を構成し、それを保持しようとする行為だと言えるんじゃないかと。これもまた、カオスに抗する闘いのひとつのあり方なのだろうと思います。長くなりましたが、このような仕方で、ドゥルーズが言うカオスに抗する闘いという観点から、老いや自閉という現象を哲学的に捉えるということをしてきました。

「とどまり」をつくる行為

小倉　以上の話を踏まえて、今日のテーマに入っていきたいと思います。とはいえ、ちょっとしたエピソードから始めさせてください。つい最近、研究でアメリカに滞在している学生から、突如メッセンジャーでWEB上の記事のリンクが送られてきました。その記事は、東日本大震災と津波から七年を迎える二〇一八年三月三日の『岩手日報』のものでした(「教訓刻む津波記念碑　野田の公園、鎮魂願い11日に完成」)。岩手県の野田村の、高台につくられた公園に、津波犠牲者の鎮魂の記念碑が建立されるということを伝えるもので、興味深い記事ですが、私がとくにドキッとしたのが、記事に掲載された写真だったんです。写っているのはモニュメント、記念碑ですけれど、僕はこれにびっくりしまして。というのも、二〇一六年の一二月に、勤務先の授業の一環で、学生何名かを引率して岩手県の野田村を訪れたんですけど、そのときに行ったのが、これとまったく同じ場所だったんですね。当時、そこは防波堤の工事中だったんですが、そのあたりをいろいろと見学させてもらっていました。海を眺めて歩いていると、津波にさらされたからかわかりませんが、樹皮が白くなって、さわるとボロボロに剥がれていく、死んだ切り株があったんですけど、その切り株にはいくつかの人工物が添えられていました。この写真です。

木はもう死んでいるんですが、そこにワンカップと、ひとつの標が立てられてあった。思わず写真を撮って、それに「モニュメント」という名前を勝手につけました。モニュメント、記念碑です。これが『岩手日報』の記事の写真と、完全にオーバーラップして、少しフラッシュバックした感じになって、とても驚いたとい

うことです。

なぜこんな話をするのかというと、記念碑、モニュメントという概念が、ここまで私が話したこと、今日のテーマ、つまり家や建築とに、深く関係しているからです。

記念碑、モニュメントは、ドイツ語ではデンクマール（Denkmal）ですが、マール（Mal）だけでも記念碑、モニュメントを意味することがあります。マールは、それ自体は「標」という意味で、造形芸術に関わる言葉によく出てきます。少し思い浮かべてもらいたいんですが、例えば、暗い樹海とか、真っ白な雪原とかで、石を立てて標にする。これは、前後左右が不覚で、方向定位がままならず、私たちが飲み込まれてしまうような状況のなかで、局所的な「とどまり」をつくる行為です。記念碑、モニュメントは、このようにそれを建てる原初的な行為において、「とどまり」をつくるものだということです。それは、ある種のカオティックな状況のなかに、相対的に安定したミニマムな「テリトリー」を造成する行為だと言うこともできます。そして、ドゥルーズとガタリは、このようなカオスのなかに標を打ち立てる行為、「とどまり」をつくる行為、つまり広い意味での「建築」を、芸術の始原的な形態と考えます。例えば、ドゥルーズとガタリは、暗闇のなかで歌を口ずさむことがそうだと述べています。引用してもいいでしょうか。

暗闇に幼な児がひとり、恐くても、小声でうたえば安心だ。子供は歌に導かれて歩き、立ちどまる。道に迷っても、なんとか自分で隠れ家を見つけ、おぼつかない歌をたよりにして、どうにか先に進んでいく。歌とは、いわば静かで安定した中心の前触れであり、カオスのただなかに安定感や静けさをもたらすものだ。子供は歌うと同時に跳躍するかもしれないし、歩く速度を速めたり、緩めたりするかもしれない。だが、歌それ自体がすでに跳躍なのだ。歌はカオスから跳び出してカオスの中に秩序をつくりはじめる。しかし、歌には、いつ分解してしまうかもしれぬという危険もあるのだ。

（ジル・ドゥルーズ＋フェリックス・ガタリ『千のプラトー――資本主義と分裂症』中、宇野邦一＋小沢秋広＋田中敏彦＋豊崎光一＋宮林寛＋守中高明訳、河出文庫、二〇一〇年、三一七頁）

前後左右が不覚の暗闇のなかで、歌を口ずさむこと、とりわけそのリフレイン――あるいはリズムでもいいのですが――は、自分のまわりに局所的に安定した領域をつくり出します。これは野生の鳥のような動物のテリトリーの造成にも当てはまることです。ドゥルーズとガタリは、そのような領域、テリトリーを、「我が家」（chez-soi）と呼びます。カオスの領土化、まさに建築の問題です。これと関連して、ドゥルーズとガタリが「家」について述べている箇所も引用させてください。少しハイコンテクストになりますが、今日のテーマにより直接的に関係するのではないかと思います。

身体が開花するのは家（あるいはその等価物、すなわち泉、木立）のなかである。ところで、家を定義づけるものは、諸々の「セクション」である。すなわち、肉にその枠構造を与える、様々に方向づけられた諸平面の諸断片、たとえば、前面と後面、水平面、垂直面、左面、右面、直交面と斜面、平らな面あるいは曲面などである。こうしたセクションは、壁面でもあり、それればかりでなく、床、ドア、窓、〔床まで届く〕フランス窓、鏡であっても、それらがまさしく、感覚に、いくつかの自律的なフレームのなかで、自分ひとりで持ちこたえる能力を与える。

（ジル・ドゥルーズ＋フェリックス・ガタリ『哲学とは何か』財津理訳、河出文庫、二〇一二年、三〇二頁。訳文のうち「部分面」を「セクション」に変更した）

ここで「肉」と呼ばれているのは、要は、身体が世界へと溶けて未分化になっているような状況のことです。真っ暗あるいは真っ白な世界に放り出されるなどして、世界との隔たりがなく、前後左右が不覚であるような状況を思い浮かべればいいでしょうか。ある種のカオティックな状態ですね。その肉に枠構造を与えるのが「セクション」であり、いくつものセクションの接合と切断の総体が、家だということです。こうした家が、カオスに飲み込まれてしまいそうな自己に、自分ひとりで持ちこたえる能力を与える。こうしたものこそが家であり、それをつくる行為が建築だということですね。

ちょっと抽象的な話が続いたので、簡単に整理しておきたいと思います。記念碑、モニュメントとは何か。それは、カオスのなかに打ち立てられる、相対的に動かないものであり、「とどまり」をつくるものです。原初的なレベルでは、石を立てて標にすること、より複雑なレベルでは、セクションを接合したり切断したりして限られた空間を造成すること。これらによって、カオスに飲み込まれることなく、自分ひとり持ちこたえられるようになること。瞬きするたびにリセットされるような世界の転変の速度をゆるめること。それが建築という行為であり、家の原義であるということです。先ほど言及した、震災被災者、津波被災者の鎮魂のモニュメントも、それなしには消え去ってしまうものを、消え去らせずに、そこにとどめておくものだという点で、ここまで述べてきたような記念碑、建築、家の話と抽象的な水準で共通点があると言えるのではないかと思います。

飯岡　今の話は私たちが生きることの問題でありながら、同時に芸術の問題に踏み込むものであるように感じました。そもそも芸術作品をつくることは、何かをとどめることや、テリトリーをつくることと非常に近い。今回の大崎さんの試みが空間を仕切る「建築」なるものでありながら、同時に芸術作品としても成立しているということを取り結ぶ議論であると理解しました。

小倉　ご指摘のとおりだと思います。例えば、ドゥルーズはセザンヌの絵画をすごく重視するんですが、それによると、セザンヌは、印象派が淡い雰囲気のなかに世界を溶かしてしまったのに対して、堅固さを要求した、つまり記念碑的なものを要求した。かたちなく消え去るしかないものに、何とかしてかたちを与えて、とどめるということです。ドゥルーズとガタリに印象的な言葉があります。「芸術家とは、最初に境界標を建てる者である」。境界標って、その辺のアスファルトを歩いていてもあるんですけれども、芸術家とはこれを最初に打ち立てる者だって言うんです。一体何を言っているんだとも思えますけど、先ほどの記念碑、モニュメントの話からすると、まあわからないでもないかなと。石を立てる、セクションを入れることによって、それなしには全部が流れ去ってしまうような世界を何らかのかたちにおいてとどめることができる。ドゥルーズとガタリは、あらゆる芸術作品を記念碑、モニュメントだと考えますが、その最も基本的なものが、家であり建築だと考えている。私も、大崎さんの作品を、このような観点から建築であり芸術作品であると考えています。

家の中が自分の内面である

大崎　ドゥルーズは家を芸術の始まりであると書いていますね。肉は第一のエレメントで、要するにメルロ＝ポンティの触れる触れられる、見る見られるという関係のあり方をカオスと捉えられているわけですよね。僕は現象学の領域の人たちと関わってきたためか、経験の条件から芸術作品を考えようとするところがあるのですが、家の構造的なフレームや絵画の支持体というモダニスティックな作品概念よりも、むしろそれらが人間の知覚を通して成立すると捉えています。そういう意味で、家にアプローチするのも、肉からもう一回フレームを考え直そうとしているんです。脳損傷など、障害を持っている人の超具象的な経験は、実はそういったフレームの抽象的な箱の中にいながらも、その人自身のテリトリーをつくっているだろうと。それはむしろテリトリーが先にあるというより、小倉さんのいう受動的な反復のリズムの要素がすごく前景化してくる。ドゥルーズは第三のエレメントで宇宙ということを言っています。宇宙は絵画では抽象絵画の平塗りのイメージで、それは家にもつながる、壁や床などの平坦な要素があるとドゥルーズは指摘していますけど、実は家の中にいながらも、外壁とか床が、自分の内面であるというふうに僕は解釈しています。単に容器というものではなくて、自分の内面が家という器でもある。その関係をどう考えればいいのか。

小倉　すごく面白い点だと思います。普通、内面性と言うと、私たちの心の中のことで、それは外の物理的な世界、つまり外面性とは、鋭く区別され対照されます。さっき述べたような家、フレーミングみたいなものは、じゃあ何か。単なる外面性の領域でしかないかというと、大崎さんはそうじゃなくて、そこも内面性みたいなものとして捉えることができるのではないかということですね。例えば、自閉症についてもそれと似たことを指摘できるのではないかと思います。しばしば、定型発達の人同士では特別な説明や推論なしに、いわば心と心で「通じ合っている」ようなことが、自閉症の人にはピンとこないということがあると言われています。定型発達の人においては内面性の次元で通じ合っているもの、最初から馴染んでいるものは、自閉症の人にとってはそうではないことがある。その場合、空間の配置などの外側の環境をアレンジすることで、そうした「通じ合い」や「馴染み」をカバーするということがあります。このとき、内面性とは何か、何でありうるかという問いが、たしかに立てられるように思います。

ドゥルーズとガタリは、「我が家」（chez-soi）ははじめには存在しないと言っています。我が家は、二次的、三次的に打ち立てられるものであり、本来的に備わっているものではないということです。さらに、その議論の延長線上で、大文字の「生まれ故郷」（Natal）ということを言い出すんですが、やはり「生まれ故郷は外にある」と言います。先ほど大崎さんがおっしゃった、床や壁面をある種の内面性として、外側の環境との入れ子の状態という観点から捉えるという話は、まさにこの点に関係していると思いました。つまり、本来的、内面的とされているもの、馴染み深さや居心地のよさのようなものは、実はつねに外にあるということです。この点を如実にあらわにするという点で、大崎さんが家、建築という芸術形態でアプローチされていることには必然性があると思いました。

長屋が向かい合う鏡面空間

飯岡　今回の展示は、普通の家屋に比べて、面が多い。またしばしば現在位置がわからなくなりました。上に登ってまた降りるときに、目の前にあるのはつい先ほど見たトイレやキッチンだろうかと経験を支えに何とか空間を把握していこうとしたのですが、キッチンもトイレも二つあるなど、空間認識を混乱させられるようでした。

大崎　「中層」の空間は二軒の長屋が向かい合う鏡面空間となっていますが、フレームであるはずの側には自分が映っていない。しかし脳は毎回、鏡を見るような意識でそっちを見てしまう。そういう内面と部屋との間の気づきがつくれたらと。自分が虚像と一緒にペアになって生活するみたいなことを考えていました。

飯岡　トイレに入った時に、その向こう側にも自分の近くにあるものと同じ便器が見えて、鏡かも、と直観しました。ただその一瞬後には、自分の足元にある床と向こうの床で模様が違うことに気づいて、鏡の認識が解け、急に奥行きが感じられるというような不思議な経験もありました。

大崎　キュビスム的に、細部だけしか見えず、一方は隠れてしまっている。三次元の空間の中でキュビスムをやっているような感じですね。

飯岡　同じ建築の中では、本来なかった床を一層新たにつくることで、不思議な中層空間がつくりだされていました。そこに置かれているもの——例えばドアも、上から見ると陥没していますし、下から見ると突き抜けているような状況にあって、それもまた空間認識が狂うようでした。今回、床や天井を使おうというのは、どういった意図から考えられたのでしょうか。

大崎　もともとの長屋の二階の床を沈めて、一階の天井を押し上げることで相互貫入の関係性をつくることをイメージしたんですね。床下とか天井裏という本来は想像上の裏側の空間には、人が入れるほどの隙間があります。立てば梁が胸のあたりまできて、しゃがむとまた全然違う視界が広がっている。あそこの空間はすごく動物的なんですよ。動物的な空間で這って移動しないといけなくて、例えば中層のある部屋には水槽がありますが、その中を熱帯魚が泳いでいる。水槽もひとつのフレームで、建築の中の動物というイメージがそこにはあり、群れとしての動物が泳いでいる。じつは観客自身が水槽の中の熱帯魚と同じような空間の中にいたんだということに気づかせる装置となっている。水の中の向こうからしたらこっちが内側で、内外が反転するような関係として置いているんですけれども、ジョルジュ・バタイユが「すべての動物はちょうど世界の内に水の中に水があるように存在している」と述べていて、そういうメタファーがなんとなく脳裏にあった。あの空間自体が動物の空間でもあるし、あの中で生活したら身体図式が変わってしまう。人間とは別のアフォーダンスを発見するみたいなことを考えていました。

小倉　あの展示は、ある意味で「バリア」（障害）をつくっているわけですよね。動物的な空間ということですが、もちろん何らかの障害のことも念頭に置かれているのだと思います。展示のなかで這いつくばっていると、ものすごく居心地が悪くて、長時間そうしているとたしかに身体図式が別様なものへと強制されるような感覚を覚えるのですが、私が気になったのが、展示のなかに直立できるスペースが少しあるということです。そこで直立した瞬間に、身体図式がキレイに元に戻るっていう経験を何度かしたんですね。すごく居心地が悪かったのが、ひとたび直立することで解消されるとわかった後では、もうその居心地の悪さは戻ってこなくなってしまう。まわりの歪（いびつ）な構造も、距離を置いて見渡せるようになってしまうと、もはや歪ではなくなってしまう。意図されていたかどうかはわからないですけど。

飯岡　二つの長屋の試みは対比的ですよね。一方の層は水平で、他方の層は斜面でした。層と層の高さや斜面の傾きはどのように設計しているのですか？

大崎　斜面の床の上から隣の工場のトタン屋根が見えるんですけど、その屋根のパースペクティブとの関係で斜面の傾きと高さを決めています。三つのフロアは位置がそれぞれ違います。傾きによって姿勢とか動線も変わるし、ある意味同じ空間にいながら全く視界が変貌してしまう、同じように知覚している対象の雰囲気が姿勢や位置で全然違うものに様変わりすることを示そうとしたんです。

リズムであり反復である「穴」

小倉　いくつかの階層が平行ではなく、ねじれに近いようなかたちで配置されていて、気持ち悪くなるんですけど、下に降りてから解説してもらって気づいたのが、すべての階層の板がてんでバラバラな傾きを持っていて、上に登るためにくぐる穴が不揃いに何ヶ所も空いているのですが、実は一ヶ所だけ、最下層から最上層まで、穴が貫通しているんですよね。これは、バラバラのものをある意味で連結しているのだと思うのですけど、普通、連結するといったらそれこそ紐で縛るとか、棒を立てかけるとか、物理的なものによって行なうのに対して、あれは穴ですから、いわば不在が一本通っている。これによって、すごく気持ち悪かったいくつもの平面の配置が、急に耐えられるようになったんですね。それがすごく面白くて。

大崎　あの場所でリズムができているんですね。

小倉　リズムですし、反復と言ってもいいかもしれませんね。あの不在の柱のようなものが、互いに何の関係もない平面を、反復の関係に置いて、歪なまま耐えられるようになる。あの不在の柱が、まさに垂直に建立されたモニュメントのようで。そのモニュメントを、展示のなかにいる者が、みずから発見的に構築していく。

大崎　我々はバラバラで断片的な世界をデフォルトとして生きているはずなんだけれども、こういう均質な縦横の世界に生きているとそのことに気づけなくなる。もともと本来はバラバラな、それこそコラージュ的な世界に生きているはずなのに、縦横に分けられた建築によって我々は「健常者」を錯覚させるような装置になっている。《障害の家》は、それに対するある種のアンチテーゼというか、人間の知覚を考えるとバラバラな状態の中からひとつの何かが立ち上がっているということを考えていかないと。絵画もそうですけど、最初からひとつの面とかひとつの支持体みたいなものの上で、バラバラとかコラージュが認識の上で成立するのだけど、支持体自体が最初からバラバラであり、我々の認知がバラバラなんだということに気づかせる装置みたいなものを開発していかないといけない。美術、芸術はおそらくそういうものでもあったと思うし、それを「抽象」といってしまうと違うのではないか。この空間は抽象、要するに人間が思考した箱の中で我々の身がそこに置かれている。その思考自体が別様であれば、もっと違う空間の中にいるはずだし、いたんですよね。

今回、展覧会のイメージにデカルトの反射図式を引用したのには理由があります。デカルトは数学者であり幾何学を研究しながら、近代的自我を確固なものとして成立させた人間だと思うんですけど、幾何学をやりながらそういった「自我」が生じてきた。ということは、「我思う、故に我あり」という自我の根拠が、いかに抽象的なものと密接だったかの証左だと思うんです。デカルトの反射の図式では、熱いと感じるまでの神経のタイムラグがあり、身体を経由して愚鈍さや遅延など、物事を判断する経験のプロセスが超具象的に描かれているように見えて、そこに障害というトピックがあるわけです。そうすると思考に至って抽象化してしまう手前で、超具象的な経験から現実はつくられていて、その現実の多様さから建築を設計することが考えられないか。

近代に入り「建築家」が現れ、それまでは施工と設計を同じ職人が一緒にやっていたのが、建築家が設計を頭脳で考えるようになり、施工する職人さんと分かれ、身体を使って考えることが失われてくる。ちょっと紋切り型かもしれないですけど、そういうふうに考えていています。身体を通してこの世界を捉えると言っても、抽象に対立するというわけではなく、むしろこの現実をより解像度高く捉えることでもありますから、超具象的です。だから、昨今の現代思想の潮流であるオブジェクト指向存在論とか、バラバラな世界、それこそ自閉症の人の感覚は、共通の全体からではなく個々人の部分的な感覚の実在からつくられていて、同じ空間にいながらも角度が違うだけでその空間ではないというか、そのくらい繊細な違いから建築空間を考えていくことが必要なのではないでしょうか。例えば蟻がある道を通って、また帰りも同じ道を通る。でも振り返って同じ道にあった岩の面を確認しないと、そこが同じ道であると識別できないんですよね。要するに蟻にとって世界は部分的な断片でできていて、いちいち確認しないと認識できないようなんですけど、自閉症もそういうところがあります。それはオブジェクトの思想でいうと、メイヤスーがハイパーカオスと呼んだところにあたると思います。そういったハイパーカオスの世界がじつはあるのにもかかわらず、日常の建物は均質な空間でできているし、はじめから方向が定義されてしまうので、そういう野生的な部分が失われてしまう。

小倉　今聞いていてひとつ思ったのが、私がドゥルーズとガタリを援用しながらした話だと、カオスというのは、ある種、粗野な自然環境のようなものを念頭に置いているんですね。そのただなかに打ち立てられ、ミニマムな秩序をもたらすものがモニュメントであり、家だったんですけど、おそらく大崎さんの場合はもうひとひねり入っていて、つまり、私たちの日常的な生活空間においては、そのような秩序はすでに完遂されている、と。大崎さんの家は「バリア」（障害）ですから、ミニマムな秩序の基点となる家のなかに、ある種のカオティックな要素をもう一度吹き込むものになっている。だからもう一枚噛んだ話ですね。いまお話を聞いていて気付きました。つまり、カオスに抗して打ち立てられた家に、カオスをもう一度吹き込むというふうになっている。そしてそのなかで私たちは身体図式を組織しなおしていく。ある意味で、二重というか、複雑な入れ子状というか。そういうかたちになっているわけですね。

大崎　ガタリが「カオスモーズ」ということを言っていますけど、要するにカオスとコスモスとが表裏一体で、その頃は統合失調症がひとつのモデルとして挙がっていた。僕の考え方からすると、家からの逃走というか。もともとの自分の場所であった「我が家」から逃走するのが統合失調症のある種の原理だとすれば、そういう時代のカオスモーズというイメージがある。

小倉　ドゥルーズはジェイムズ・ジョイスの言葉を借りてカオスとコスモスを合成した「カオスモス」という言葉を使うのですが、ガタリはそこに「浸透」という意味の「オスモーズ」を加えて「カオスモーズ」という言葉を使うんですね。家はカオスのただなかでそれに抗して打ち立てられるのだけれど、じつはそれ自体にカオティックなものを導き入れる契機が、つまり逃走の契機があって、それでいてそのなかで私たちはこの身体でもって方向定位を成し遂げ、身体図式を組織しなおしていく。まさにいまおっしゃったとおりで、「オスモーズ」が前面に出ている。「大崎晴地がカオスモーズを建てたぞ」って言ってもいいのかもしれない（笑）。

動物と機械、そして身体

大崎　一方でデカルトの動物機械論では、動物は内面を持たない、意識さえも持っておらず、機械的に反射と刺激だけで生きていると、当時はそう考えられていた。しかし、テンプル・グランディンという自閉症の動物学者がいて、彼女が言っている動物感覚というのは機械的な反射刺激ではありません。自閉症の人がある程度締め付けられると居心地よく感じるとか、住まうという要素にその動物感覚が含まれているところがあって、同じ「動物」という言葉でも違いがある。

人間は感情を持っているので、例えばそこに糞が落ちていたら咄嗟に見て避けるわけですが、それが実は単なる絵の具のシミだったとしても、それでも脳にとっては正しい行動なんだと、脳科学者のダマシオがデカルトを批判して言っています。ということは、脳よりもじつは身体のほうが高度で、複雑に世界をマーキングしているのではないか。フィクションのある現実のほうが現実味を帯びています。

小倉　脊髄反射的な流動性とは異なる動物的なものがあるだろうということですよね。ドゥルーズとガタリに話を引きつけるなら、一通りの答えができるんじゃないかと思います。一方で、ドゥルーズとガタリは、『アンチ・オイディプス』の精神分析批判がとくにそうですが、人間から内面性を消去しようとしていて、そのときに「機械」というワードが出てくる。つまり、物理的世界から存在論的に隔絶しているような内面性などというものは存在せず、心というものはつねに物理的、社会的、等々の領域とつながっているというわけです。これは、機械というワードを用いながら、内面性を消去した流動化を強調するものと言えると思えます。他方で、ドゥルーズとガタリは、『哲学とは何か』の結論部分で、滞りとか、隔たりとか、あるいは遅さみたいなものが、まさに私たちの脳神経系で起こっているということを言っています。難しくて理解が追いつかないところではあるんですが。精神分析的あるいは心理学的な内面性みたいなものを消去して、すべてが流動するという方へ舵を切ったように見えた後で、還元不可能な内面性みたいなものには立ち返らないけれども、脳神経系のなかでそういう滞りとか、隔たりとかが生起しているということを強調する。そのように見てみると、動物や機械というワードで、流動化と愚鈍化の両方を論じているように見える。

大崎 「流れ」というのはネットワーク化して、どんどん自分の外側に拡大していってしまう傾向があると思うんです。自分が所有している部分ではなく、外側にどんどん連鎖して世界全体を諸機械として捉えて生きようとする速度というか。今の現代の情報化社会で起きているのはまさにそういうものだから、自分のリズムがなくなっていってしまう。デカルトの図で肉体が図示されているのは、自分の身体の中で起きている連鎖でしかないんだけど、まさに自分の身体をもう一回図示することで、個別性をそこで再び考え直すことになります。

小倉　現代思想で身体と言うと、一方で、機械を操作するように動かすんじゃなくて、内側から生きられているものだという議論がありますが、他方で、こんなに不自由なものはないとも思うんですね。今回、東京に来た時も飛行機で来たんですけども、もう耐えられないっていうのがあって。たかだか一時間でもムズムズする感じですか、身体なんかなきゃいいのにとか思ったりするんですけれど、その身体の自由にならなさみたいなものですね。まさに愚鈍さみたいなところ。デカルトはあの下手くそな絵を描いて、図示するということにおいて、素通りできないものとしての身体みたいなのをあらためて可視化したんじゃないかというお話だったと思うんですけど、それってある意味では、自分自身の身体と、人為的に設えられたその外で出会いなおすことだとも言えるような気がします。単に精神に対する不活性な物体でもなければ、内側から生きられるものでもないような、身体の素通りできなさがあって、それとデカルトの図示のように外で出会う。自分自身の身体を、その還元不可能な固有なものを、本来的なものとするのではなく、外に見いだし外でつくるというか。

複数の自閉性

大崎　そこが自閉症のリズムや反復と関わってきて、それまで自我や同一性みたいなものがアイデンティティとしてあったけれども、そこから脱していくのがドゥルーズとガタリであったとして、自閉症になるともともと最初から自我が自他未分化で、自分も他者も曖昧になっているところからまとまりをつくっていかないといけない。そのときにいわゆる自我同一性ではなくても、別のリズムのあり方もあるだろうし。そうなった時に別に自分のこの肉体だけが身体じゃなくて、もうちょっと別のところに身体というものを加工できると思っていて、それが「私」だっていうふうに感じることのできるものを装置としてつくることができれば、反復だというふうに考えられる。

小倉　なるほど。自己やその身体を、本来的なものではなく外にあるとすることで、別のリズムのあり方、つまりリズムの複数性というものを考えることができて、まさにそうした複数のリズムを装置として散りばめるような建築がありうるだろうと。

大崎　種のレベルでは、動物とかいろんな多様性があるわけじゃないですか。自分っていうものも、そういう種のレベルみたいに考えられないか。いろんな自分のあり方があるんじゃないかな。身体の場合は器質的なレベルで、締め付けとかはいろいろあるけど、自閉症をスペクトラムと言い換えてもいいと思うんですね。一つの病理、病名よりも連続的に捉えようとしてみる。いろんな安定化のあり方、まとまりのあり方っていうのがありうると思うんです。

小倉　いくつものリズムのなかで自己がほどけてしまうのではなくて、そのいくつものリズムを、ある種、戦略的に我がものとするというか。それこそ千葉雅也さんが提唱されていることはそういうこともかもしれないんですけど。複数の同一性。同一性って言ってしまうと難しいか。

大崎　複自閉症、複自閉性みたいな。

小倉　ああ、なるほど。複自閉性みたいなものを発明していく、技法として洗練させていくっていうのは重要だとは思うんですけど、この「複」ってどう評価すべきなのかなって少し思いました。それって、仮にこういう言い方ができるとしてですが、自閉の自閉たる部分、とりわけ「複」の余地がないがゆえに可能となるような流動化からの切り離しのようなものを、定型的なコミュニケーションの方に回収してしまうことになるんじゃないかと。いわば定型発達の側からの「僕たち一緒だよね」という。

大崎　それこそドゥルーズの「世界共存在」という、共同性の共のように、内と外ではなく、コモンとして開かれている人もあれば閉じているところもある、というふうに考えることもできるのではないでしょうか。開かれていったときに、誰しもに開かれているわけではなく、ある人にとっては開かれているという。

小倉　なるほど、そういう意味での複数のリズムっていう話なんですね。

大崎　そうですね。格言的に言っちゃうと、「開かれ」というふうに。

小倉　でもやっぱり、すごく耳ざわりの良い言葉になるんですよね。

大崎　今、自閉するという方向でお話ししてきましたけれど、自閉を「開かれ」というような言い方をすると一般化されて、とにかく自閉する自閉症が開かれているっていうスローガンになってしまうけれども、そうではなくていろんな自閉症の自閉するあり方があるわけだから。誰しもにとって開かれた自閉症ではなく、ある人にとっては全然開かれてない、それこそバリアフリー化するのではなくてバリアを張るということを肯定的に捉えたい。

小倉　互いに理解可能で、手と手を取り合えるようなコモンじゃないっていうことですよね。それこそ複数のリズムと言えるかもしれないですね。

ちょっと性格が悪い言い方をすると、複数のリズムって、結局のところ、バラバラなものの共存、共生という話に帰結するんじゃないかと思いました。複数のリズムが共鳴し合う共同性みたいなものが、背後からぬっと出てくるみたいな。それは容易に反転しうるということだと思います。これは難しい問題ですね。だからだめっていうことじゃなくて、たぶんその繰り返しなんだろうと思います。複数のリズムの肯定によって何かが解決するということはなくて、それ自体が即座にまた闘わなければならない状況として跳ね返ってくる。だからといって無意味なんじゃなくて、そういう試みを、思考においてであれ、実践においてであれ、練り上げていく必要があるんだろうと思いました。

社会的意義について

小倉　哲学の研究でも、社会的に意味のある研究ということをアピールして、研究費を取ってきて、はじめて研究が可能になるという現状があります。もちろん必要なことなのですが、やはり哲学とは何か、これでいいのかと自問することがあります。同様に、アートの場合も、社会的に意義のある活動ということで助成金を取らないといけないという現状があると思います。《障害の家》プロジェクトもそうですよね。もちろん必要なことで、大変なことだと思うのですが、ぜひ、若きキュレーターである飯岡さんに、「芸術」とは何か、何であるべきかということをうかがいたいです。

飯岡　今日のトークのまとめに代えて話そうと思いますが、私にとって芸術とは何かと問われれば、それはフォームの問題としてあるのだと思います。それは単純な造形的なフォームということだけではなくて、アーティストが現実の社会にどのような態勢で向き合うのかという問いです。ある時代では障害と非障害のあいだの垣根を壊すということが全体主義に対抗するものだったはずなのが、ある時代では、その身ぶりさえもまた全体主義の方法になる。そのように現実が刻一刻と変わり続けているなかで、都度、ラディカルにフォームをつくり直していくのが芸術という運動なのではないでしょうか。それを今後も大崎さんの活動を考えるうえで問い続けたいと考えています。

小倉　これはレトリックでもなく恥ずかしげもなく本気で言いますけど、芸術って世界を変えるものですよね。新しいかたちとかフォームということをまさにおっしゃったわけですけど、混沌とした諸感覚のなかで、誰もかたちにできなかったものを、新しいかたちのもとに引き出してくる。私もそれが芸術だと思います。もちろん、それがどのような規模でかはわからないですし、いろんな規模があるだろうし、それこそいろんな速度、リズムがあると思うんですけど、それを抜きにしてしまえば芸術が芸術ではなくなる一点だと僕は思っています。是非とも、今後も新しいかたち、新しいフォームを引き出していってもらいたいなと思いました。

[「HYPER-CONCRETENESS—フィクションと生活」京島長屋、東京にて　二〇一八年三月二五日]

超具体的な現実から共約不可能性を考える

中尾拓哉

大崎晴地　中尾拓哉さんは、マルセル・デュシャンが没頭したチェスと彼の作品との関連について研究されています。デュシャンはチェス・プレイヤーになって芸術界から撤退したと一般的には言われていますがじつはそうではなく、チェスには造形性があり、チェス・プレイヤー同士の思考のカップリングが起きていて、そこに「急速な裸体」のようなイメージ（図）が出現していると指摘されています。

このイメージにはどこか今回の展示（HYPER-CONCRETENESS）と重なる部分があると感じました。この絵では盤上のマス目が分解してキューブとしてバラバラに重なり合っている。チェスの駒がバラバラになっているのではなくて、マス目がバラバラになっているのが面白いですよね。そして混沌としながらもクイーンとキングの間を横切っています。これは《彼女の独身者たちによって裸にされた花嫁、さえも（通称「大ガラス」）》の花嫁と独身

マルセル・デュシャン
《キングとクイーン》1968年、第2ステート
© Association Marcel Duchamp / ADAGP, Paris & JASPAR, Tokyo 2023 E5295

者の構図に重なる部分があります。四次元と三次元の間の狭間、デュシャンが「蝶番」と言っている部分で踏みとどまるというか、それが私の考えているバリアのあり方を示唆しているように感じたんですね。私は主に精神に障害のある方の現場に関わっているのですが、それ以前にデュシャンの弟子である荒川修作さんと一〇年間ほど交流した時に強く影響を受けました。中尾さんの研究されているデュシャンとチェスの観点を聞いた時に、荒川修作の考えている思想との連関が見える部分がありました。そのあたりを含めて今日お話しできればと思っています。

中尾さんの本『マルセル・デュシャンとチェス』（平凡社、二〇一七）の中に、高次元幾何学の図、落下するキューブの影が平面になっている二次元と三次元の連続を示すような図が出てきます。これを見た時に、荒川修作＋マドリン・ギンズの『建築する身体――人間を超えていくために』（河本英夫訳、春秋社、二〇〇四）に出てくるポリオミノ・パズルを思い出しました。ポリオミノ・パズルは正方形を組み合わせた二次元的なパズルで、この本では二次元的なポリオミノ・パズルを三次元のダンボールのピースにして解いた視覚障害を持つ数学者カール・ダルケのことを取り上げています。

触覚的な三次元の部分と二次元的なイメージとの間で、盲人はパズルを操作できる。それはある種の蝶番とも言えるし、デュシャンとのつながりを考える上で面白い。

荒川は《養老天命反転地》のようなテーマパークに至る前、絵画からインスタレーションに転向していく時期に、傾斜した床面の上で絵画を鑑賞させるなど、壁面に絵画作品を提示しながら身体感覚を別様に揺さぶって、知覚を組み替える

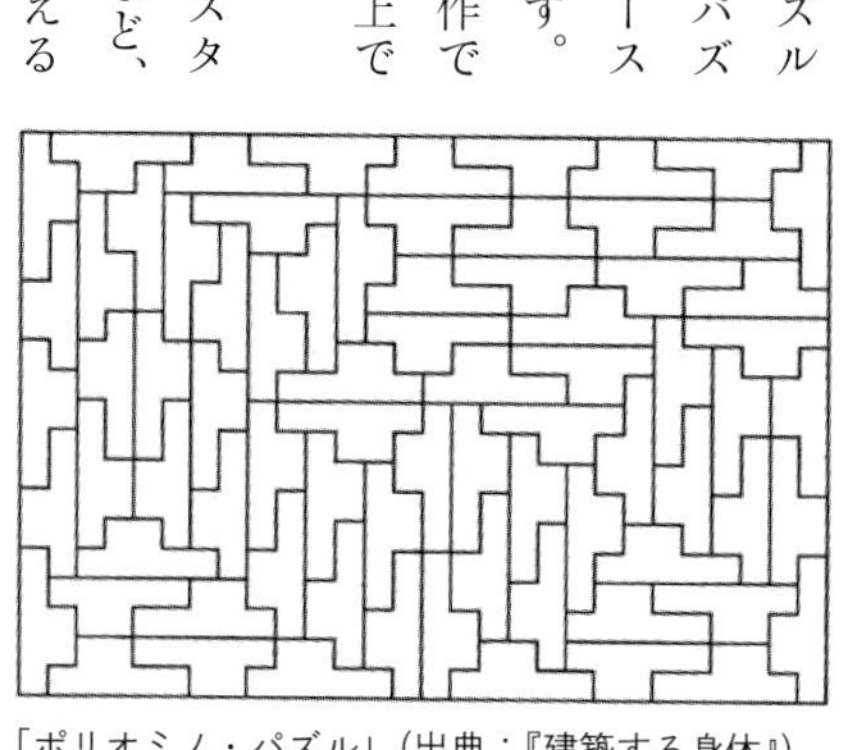

「ポリオミノ・パズル」（出典：『建築する身体』）

実験をしていました。一方デュシャンは網膜的な絵画を批判して、レディメイドへと思考を促していきます。レディメイドは非視覚的なもので、デュシャンは「視覚的無関心」という言い方でそれ自体は見るに値しないものだと定義していて、その非視覚的あるいは非網膜的な要素というのが、概念として共有しうるものではなくむしろ観念的にヘレン・ケラーのような目も見えない耳も聞こえない人が自分でつくっている世界として荒川が捉えていたものとつながるように思います。それは記号的な世界とも言えるかもしれず、そちら側からデュシャンを読み替えている。

現代美術は非網膜的な思考からコンセプチュアル・アートに向かって開かれていきますが、荒川の場合はその流れに与せず、身体の経験を通じて現実の世界を拡張していこうとしているところがあります。荒川のダイアグラム絵画は現実の設計図としての側面を持っていて、その意味ではコンセプチュアル・アートですが、現実に表現された既成の建築や世界がオリジナルなのではなく、むしろ観念がオリジナルでそれが反転されて実現したものが彼らの建築だと言える。

今回私の制作した作品と関連づけると、第二会場とした二軒の長屋で、階段が並んだ状態は、デュシャンの《階段を降りる裸体No.2》のキュビスム的な断片性を感じるような部分があります。二次元と三次元だったら、二次元に投影された影を見れば元の三次元の動きがわかるけれども、三次元と四次元の場合は非常に把握するのが難しくなるわけですよね。立体的な三次元空間からどう四次元を把握するのかという時に、デュシャンは手袋の話を通じて考えていたふしがありました。手袋は要するに裏返せるわけですが、デュシャンはその反転した構図からチェスの四次元を捉えて、線対称に重なる部分で「高次元の和解」を見ていた可能性がある。「裏返し」はちょうど蝶番を挟んで線対称な関係にあります。たまたまだけれども「中層」は鏡面空間の造形性みたいな視点もある。

第一会場のほうでは、長屋の空間を三層の斜面の床で仕切って穴から穴を通ってよじ登っていく空間をつくっています。自分の足元の角度と、家の外部に見えている視界の角度が違うとか、そういったバラバラな感覚をいかに再配置するか、自分が置かれている足元と知覚しているパースペクティブとの不連続性、不均衡性を意識して制作しました。

中尾 私は、ふだんマルセル・デュシャンの研究や現代美術についての評論をしているのですが、障害や建築に関しては、あまり詳しくありません。私と大崎さんのつながりとして、「次元」の問題があったということでしょうか。

大崎 チェスというのは仮想的な要素が多いですよね。ありえたかもしれない駒の動きを潜在的に持ちながら実際の一手がある。チェスにおける現れていない面と現れている面のダイナミックな関係が、《障害の家》の造形性を考える上で示唆的なつながりがあると感じています。

次元とアンフラマンス

中尾 なるほど。まずは私がなぜデュシャンとチェスの問題に興味を持ったのかについてお話ししますね。

一般的なデュシャン像は、いわゆるレディメイドの選択によって、つまり「つくる」のをやめて

「選ぶ」ことで芸術を成立させ、それらがコンセプチュアルなアートへとつながっていくという大きな美術史の流れの中でつくられたものです。私は、その文脈において抜け落ちているものとか、そう理解されてしまったことで当初はもっといろいろな含みがあったのだけれど、失われてしまったものについて探求しているんです。それは、今大崎さんがおっしゃってくれたような、チェスの選択と造形性に関する問題でもあります。デュシャンはチェスを若い頃からやっていて、初期の絵画《チェス・プレイヤー》にはいくつかの習作が残されていますが、これまであまり注目されてきていません。例えば習作《チェス・プレイヤーのために》では、真ん中に大きな矩形があり、両脇にちょうどプレイヤーがチェス盤を見ているようなかたちで、キュビスム風のプロフィールとして描かれ、配置されています。この二人のプレイヤーの間にある真ん中の矩形が、絵画でありながら、通常のゲームにおいてチェス盤が置かれる位置でもあるように、彼自身は絵画の中にチェスの空間を見ているようなところがありました。絵画とレディメイドのつながりに関しては、たくさんの文献があります。絵の具の色を選んで配置することが絵画であり、既製品を選んで配置することがレディメイドであり、両者には選択と配置をめぐるストラテジックな空間が展開されていますよね。またチェスにも既存のルールであったり、こう指すと相手がこういうふうに反応するみたいな、そういうストラテジックな相互関係、つまり対立と均衡がある。実際、彼はこうした「絵画」「レディメイド」「チェス」の選択を混同している部分があったと思うんです。

チェスのゲームは脳内で仮想的に展開されています。ゲームが開始されて終わるまでの間に、実際に指された手、そして指される可能性があり、両プレイヤーに認識されていたであろうけれども、指されていない手がある。チェスは完全情報ゲームなので、互いの駒は盤上で視覚的に共有されています。チェスはコンピューターがプレイできるように——ただコンピューターは一、二秒の間に何億手と計算しないと人間には勝てないのですが——一手を指すことによって盤面が無数のバリエーションとして合理的に展開するゲームです。このチェスのストラテジックな「選択」のように、デュシャンはレディメイドを選ぶ時に、ただ選んだというよりは、そこにある別の可能性をも含んで選択したのではないか。ひとつのレディメイドは複数の可能性の中にある「影」なのではないか。そう考えられるのは、実際に彼自身が、こうしたチェスのゲームの中に、別の次元のあり方、三次元では捉えられないような複雑な展開を見ていたからです。

デュシャンはメモに、二次元の平面は三次元空間であれば立方体がつくれるし、三次元のキューブは四次元超空間であれば四次元超立方体がつくれると書き残しています。またデュシャンが制作したチェスの選手権用のポスターでは、ゲームを司るキングの駒の頭部の「シルエット」にチェス盤のマスをかたどった「キューブ」がいくつも重ねられていて、チェス盤のマスをｎ＋１次元化しているようにも見えます。これはアナロジーによって、チェス駒のキングが二次元の「影」から三次元化して通常の駒になれば、三次元のキューブが四次元超立方体になるということでもあります。デュシャンはこのポスターを介して、ゲームの高次元性を表現しようとしていたに違いありません。

チェスの選択の高次元性は、荒川＋ギンズの『建築する身体』に書かれている「ランディング」に通じているように思います。スラヴォイ・ジジェクが、ラカンの想像界、象徴界、現実界という世界の分類をチェスに当てはめています。ラカンの考えを説明するためのただの例なのですが。チェスのルール上の動き、ルールによって定義され、スコアで座標となるものが象徴界、つまり合理的な記号の世界に近いものです。チェスの駒は——デュシャンも駒を造形しましたが——その名前のかたちをしている。それは想像界、イメージの世界です。チェスのゲームにおいて駒の形状は本質的ではなく、極端に言えば物質的には存在しなくてもいいものなので、例えば石や木、拾ってきたペットボトルでも、それが駒だと認識されれば意味としては働き、「意味のメカニズム」というのはつくり出されます。その上で、チェス駒の色やかたちを変え、イメージの世界をゲームに与えている。駒の動き自体は、ゲーム空間においては幾何学的で、言語的な不可視の、つまり意味の世界に存在します。そして、その戦いは実際に人と人が対峙してゲームをプレイするという現実界にある。荒川＋ギンズによる、「知覚のランディング・サイト」と、「イメージのランディング・サイト」と、「ランディング・サイトの次元化」というモデルがありますが、知覚のランディング・サイトはかなり象徴的な部分で捉えられていて、イメージはそれを補うためにいろいろ包み込むようなものであり、それをさらに併せ持ったかたちで次元化していく、というランディングは、すごくチェスの問題と通じていると感じました。デュシャンが抱えていた次元の問題は、芸術がかたちだけではなく、意味だけでもなく、それらが相互に織り成され、交換しながら創発されていく、そうした関係性なんだと思うんです。ですが、それが概念的なもの、つまり意味に置き換えられていくことで、コンセプチュアル・アートにもなったし、視覚的なものに置き換えられていくことでオプ・アートにもなった。でもデュシャンはもう少し複合的にさまざまな問題を抱え込んでいたのではないか。そういう次元でデュシャンと荒川はつながっているのかもしれません。

大崎　私はデュシャンの書き残した「アンフラマンス」という語もランディング・サイトにつながるのではないかと考えています。この言葉の例としてデュシャンは、過去に座っていた人の座席の温もりを挙げていたりして、認知的な意味であると同時に、身体的な感覚でもあるようです。デュシャンは日常的な事例からアンフラマンスをいくつも挙げている。私はそこには奥行きがあるような気がしています。物理的な厚みではない薄さの次元、荒川＋ギンズは「ランディング・サイト」について、知覚というものはイメージが生み出すもので、九割がたイメージなんだと言っていました。つまり、自分たちが見ているものは、対象物として知覚されるのではなくて、ほとんどがイメージによって成立しているのだと。そこには距離がないけれども薄さがある。内面的な世界を外在化するということも、非網膜的なアートの話ともつながってくる。こちら側がイメージによって知覚を構築していくという意味での反転が起きていて、向こう側に「降り立つ（ランディング）」ようなことが起きている。

中尾　「アンフラマンス」は、「超薄い」とか、「極薄」というふうに訳されているデュシャンの造語で、どこか共感覚的なものですよね。匂いとか、触れる時の温度とか、聞こえる音とか、そういうものがすべて「薄い」何かを通り抜けている。詩的な表現かもしれないし、非常に数学的な問題を持つものかもしれない。私が本を書く時に数学者の方と話したら、これはn－1次元だとおっしゃっていました。たぶんそうなんですよ。だけど、日本のデュシャン研究者はそれを詩的に捉える傾向があります。

触覚はキュビスム的な次元の問題に通じています。キュビスムは視触覚的ですよね。つまり、三次元の物体を触れるようにさまざまな角度から見るという意味で。キュビスムにおける触覚の問題は、本当はものすごく面白いんだけれども、やっぱりキュビスムはほとんど視覚的な問題になってしまっている。その後のモダニズムにつながっていくというか、だんだんと絵画空間が平面になっていくという。さっきの手袋の話もそうですが、つかむという行為は一つ次元が大きい。見るという行為は対象に向かって正面しか捉えられないけれど、つかむという行為は3Dスキャンのように、一気にかたちを捉えることができる。高次元の表現について、そうした「一つ上の次元からつかまれる」みたいなことをデュシャンは言っていて、それは彼自身が物をつかんだ時に感じたことだったようです。何かにつかまれている、抱擁されている、と。だから、《ゴム手袋とポケット・チェス・セット》という作品におけるチェスと手袋の関係は、他のデュシャン作品と比較して、全然注目されていませんが、私からすると非常に興味深いんです。それはカントが言う「不一致対称物」、つまり人間の手のひらは左右で対称になっているので同一次元ではけして重なりませんが、右手の手袋を裏返しにすると、左手の手袋になるということにもつながっています。こうした視点は、次元を考える時に当然出てくる話で、デュシャンがチェス・セットに手袋を加えた意味は、きっと「一つ上の次元からつかまれる」という感覚として、チェス駒が上からプレイヤーの手でつかまれることに重なると考えていたからだと思います。

アンフラマンスもまた、次元の狭間の問題であって、高次元でもないし、現実の次元でもない。それはおそらく幾何学的には存在していない狭間のようなものなのではないでしょうか。二次元から三次元に変化すると言うと、次元が連続してつながっているみたいな感じがしますが、でもどこかで二次元と三次元はつながっていなくて、そこがアンフラマンスな領域になっている。三次元と四次元の間もアンフラマンスな領域になっている。この狭間の問題は、触覚の問題とも無関係ではなく、現実の把握をキュビスムが触覚的に捉えようとした時に感知されていたような、バラバラにしているんだけど一つの物として再構成されるということは、「一つ上の次元からつかまれる」という感覚につながっています。ですので、キュビスムの空間に描きこまれたファセットやグリッドにある隙間は、アンフラマンスとすごく近い感じがするんです。

身体を通じた具体と抽象

大崎 岡崎乾二郎の著書『抽象の力』(二〇一七年の豊田市美術館での個展の時の公開データ、後に亜紀書房より刊行された『抽象の力——近代芸術の解析』に収録)で、フレーベルの幼児教育に使われる積み木遊びが引用されていて、幾何学の抽象が成立する以前に積み木の幾何形態で遊ぶ体験がまずあって、そこから「具体的な抽象」がつくられていくんだと書かれています。どこかで次元の狭間に触れ、学習というと規範的ですけど、抽象の捉え方も発達していくところがあるのではないでしょうか。「具体的な抽象」という幾何学的な意味での理解の仕方もあるし、身体を通じた具象的な、もっと混沌とした、身体と未分化な抽象のあり方もある。HYPER-CONCRETENESSを「超具体」とするべきか「超具象」とするべきか、その中間で考えているような感じがあるのですが、今お話ししている抽象は前者のほうですね。

中尾 建物と身体の関係は、積み木遊びもそうだと思うんですけれども、何かしらの身体感覚が発生してしまうものであって、「建築する身体」と荒川+ギンズが呼ぶのは、身体と建物的なものの中間層にあるものですよね。

大崎　身体と環境って言うとかなりざっくりしていますけど、そこの間に起きている現象の手続きをもっときちんとやらないといけないというのが「建築する身体」での問題意識だと思うんですね。デカルトのように、もともと幾何形態や数学と自己の認識が同時に出てきた背景があることを考えると、建築物の座標空間、設計図といった図式と対を成して自己が生まれてくる。そうすると自分たちがつくった空間の中に自分たちの身が置かれる。逆を考えると、自分の考え方そのもの、つまり私のかたちを変えれば、空間自体ももっと別のあり方がありえるだろうと思います。

中尾　建物が変われば身体が変わるというのはわかるのですが、自分が変われば空間が変わっていくというのは、例えばどのような状態でしょうか。

大崎　例えば、精神病の方と向き合うと世界のあり方が違うなという印象を持ちます。システム論的に言えば、自己の空間は物理的な座標空間ではなくて、意識のかたちづくる位相空間と親和性があって、それは単に自分の世界の見方を変えただけの変化にとどまらず、空間や知覚の変化を巻き込んでいます。これは、障害を持った人には身体的な空間の変容として身のまわりの現実にも及んでいる変化です。デフォルトで、まさに私たちの日常的な規範、文法とか与えられたレディメイドとは違うあり方をしている。象徴や記号のあり方が異なっているから、宿命がはじめから反転しているようなところがある。そのような彼らと共有する社会をどう設計するのかという問題にすると、規範＝バリアフリーが中心になってしまうけれど、《障害の家》はそうではなくて、共約不可能な状態をそのまま建築空間の問題とともに考えているんです。

中尾　なるほど。私が今まで経験したことの中にも、自身と建築の関係において「建築する身体」という状態を自覚する場面があったと言えるでしょうか。

大崎　建築の例では今すぐ思いつかないですけど、ウィトゲンシュタインの言語ゲームでは、意味が自分たちの習慣によって成り立っていることを示していますよね。言語的な規範はあるにせよ、生活の中ではもっとゲームをするように自由に意味を使用しているんだというか。それに対してヘレン・ケラーの場合、アルファベットと意味の関係を発見した瞬間に一気に世界がひっくり返るような経験をしたわけですけど、それはある種の経験科学だと言えます。

中尾　HYPER-CONCRETENESSには、抽象化されている部分と、まさに「具体・具象」化されている部分があると思います。抽象化して概念化することも大事だと思うのですが、現実的な出来事として捉えるのであれば、個別的になるのかもしれません。匿名的に存在したはずの出来事と、HYPER-CONCRETENESSという概念の関係を考えてみたいです。HYPER-CONCRETENESSという言葉の意味としては「超具体・具象」なわけですが、それは流動的なものに対する、あるかたさを持ったものであるというイメージからつくり出された概念なのか。あるいは日常での具体的な出来事として、例えば私が部屋で何気なく振る舞っている時にも起こりうるものなのか。

大崎　卑近な例で言えば、風呂に入っている時に温度差を感じることがあるじゃないですか。下のほうがぬるいとか、水面はここで消えているとか。そういう感触がいろいろヒントになりうるようなことは多くある。「漸近的で厳密な抽象」という言い方を荒川＋ギンズがしていますけど、身体のそういった低次とされる感触のレベルをむしろいかに抽象的に考えうるかですね。

中尾　今回の大崎さんの作品は、《養老天命反転地》のように、建築物が変わることで身体が変わるというよりも、中間的に構想されているように感じました。新しい家を建てようとしているような建築中の状態というか。すごくトリッキーなものを目指しているわけではないし、かといって住みやすさを目指しているわけでもない。ただ、それを「障害」という言葉に置き換えながら来訪者が体験することで、それぞれの身体が別のものへと変化していく。そうした意味では荒川＋ギンズの考えにも準じています。けれども、また別のあり方を探っているということですよね。だからこそ、HYPER-CONCRETENESSという概念が提示されているはずで。そのあたりについて具体的にはどのような方向性が考えられますか。

大崎　荒川の考え方は、どこかユニバーサルな方向になっていくと思うんですよね。障害のある人の個別性みたいな話にはどうしてもならない。視覚中心主義の人間の世界に対して、非視覚的で、その意味ではすごくモダニスティックなあり方を提示していて、その反転の仕方が前衛芸術的に見える。私が考えているのは、障害のある人がスペクトラムと言われるように、もっと個別具体的なあり方、いろんなかたちです。それがどういうかたちに結びつくのかは、私自身日頃障害のある当事者の人とも関わっていても、なかなか難しいところではあるのですが。

意味とかたち

中尾　意味とかたちの関係は、何度も再考され続ける問題ですよね。私は造形性、大崎さんの作品の建物のかたちに惹かれます。それは視覚性だけではなく、実際にしゃがんだり、飛び跳ねたりして感じたものなのかもしれない。ひとつのかたちは、そのかたちと別の意味にもどこか連続しています。子どもたちがそれを自由に捉え、アスレチックのように遊べるもの、つまりそれほど不自由なものとして感じていなかったのであれば、それは意味の構造が別のかたちを持っているからだとも言える。私たちは通常の建物に対する接し方を認識しているから、そこで障害として感じるわけですが、じつは同時に、意味とかたちの連動、それらのリンクから複雑なネットワークへと接続されている。屋根が低い、あるいは高いとか、登りにくいとか、そういうことではなく、建物が真っ二つになっているとか、穴が空いているとかでもなく、たしかにそういう建築には見えるけれども、むしろそこで起きている身体と建築の中間的な部分が意味とかたちを連動させるネットワークの継ぎ目のようになっています。それは、かたちから、つまりかたちというのはこの場合「建築」になりますが、「身体」は内的な意味のメカニズムでもいいし、世界を捉えているあり方でもよくて、いずれにせよ「かたちと呼応して変化する」、そうした連動を捉え直す必要があると思います。意味でもないしかたちでもないし、かたちと意味のつなぎ目にあるもの、それこそが私にとって「造形的」なものなんです。

いわゆる「造形」というと、彫刻や絵画におけるかたちになりますが、デュシャンはチェスが「造形的」だと言っています。それはコンセプトでもかたちでもなく、二つの次元がずっと連動しながらプレイヤーによって駒が動かされている状態、そこに次元を上げていくような意味のメカニズムがともに作動している状態です。この四次元と三次元が連動するあり方自体がまさに「大ガラス」的なのですが。こうしたことを建築でやろうとすると、もちろん荒川＋ギンズによる先行する仕事がありますけれど、その中で大崎さんが今現在つくっていく上で、かたちと身体、かたちと意味についいて、どのような展望をお持ちか知りたいです。

例えば、私は家の中にあるものを、自分自身に重ねているところがあります。二〇代のはじめに自分の生活がいろいろと嫌になってしまい、家のものを捨て続け、「なんでこれはここにあるんだろう」とか、建物自体も「なんでここがこうなっているんだろう」みたいな確認作業を一人でやっていた時期があって、家と向き合っていました。家って囲われているけれど、穴がいっぱい空いているじゃないですか。だから排水溝とかと接しながら、これはどこまでが家なんだろうってまじまじと考えたりしました。なんだったんだろう、あの時期って、と思うんですけれど。なんか本当に変な時期で……自分の身体と建物が連動していて、かつそれが自分の心にも接続していて、建物と向き合うことで自分の心も動いたような。自分の心を整理するために、身体的に建物と関わる、それは当時の私にとって癒しだったんですよ。自分のことがわからない。そこに「家」というものが、私自身をある種体現してくれていたんです、既に。そこと関わることで、変化する。こんな話が建築のコンテクストの中でどのように語られているのかわかりませんが。ただ、すごくミクロというか、細かい視点を持っていないと捉えられないような建築との特殊な関わり方だったような気もします。こうした関わりがあるとして、「階段のかたちを変える」とか、「ドアを低くする」ということで、大崎さんは身体と建築が連動する時のボリュームを上げているんだと思うんです。

本来的には日常の中で物があり、かたちがあり、建物があり、というふうに関係性がある。私は荒川＋ギンズの本を読んだ時、そうしたことを「ランディング」あるいは「建築する身体」というようにさまざまな角度で捉え、外部と内部というレベルに収まらない関係における中間層を広げていく取り組みをしているのだと感じました。そして、荒川＋ギンズがある種のテーマパーク的なレベルにまでボリュームを上げていったのだとすれば、大崎さんの場合は、そのボリュームをそこまで上げずに、しかし微弱な関わりにまでものすごく下げてしまうと、私がかつてやっていたようなレベルになってしまうことを、中間的に捉えているというふうにも思ったんです。もちろん、建物の解体・改築という点では、はっきりと荒川＋ギンズ的にも見えるのですが。建築と身体の関係を、私自身に引き寄せて考えると、そういうことが言えるのかなと。

大崎　私生活で空間を組み替えるというと、内装を変えるレベルだったらみんな誰しもやっているわけじゃないですか。

中尾　模様替えからリノベーションまでさまざまなかたちで行なわれていると思います。

大崎　障害のある当事者と一緒に部屋をつくっていく展開の仕方はもちろんあるとは思うんですけど、建築物としてそれをいかに一緒につくれるかみたいなことって難しいですよね。障害にも寄りますが身体的に同じ抽象や具体には向かえないので。建築といっても「建築する」という行為ってすごく広範に捉えられる。だから「この建築物のことじゃない」と言えるようなところもあるし、日常的な身体の行為と、建築するという行為がどういう関係にあるのか、それこそ具体的な造形の問題だと思います。中尾さんの言い方をすれば中間層にあるものということになりますが、障害のある方はその分、負担が大きい。同じ具体性といっても、感じている現実が違う。

絵が上手くなりたいという統合失調症の方にデッサンの練習をしてもらった時に、モチーフの物を見ずサンプルに描かれたデッサンの絵のほうを見て描く方がいたんです。たしかに角度の変わらない二次元の絵なので、そっちが本物の物体を見るより描きやすいのかもしれませんが、どこか次元的な隔たりを感じたことがありました。でも造形的には抽象化する手前にあるかたちや感覚の中に戻ってみることでリハビリ的に発見できることがあるのではないか。HYPER-CONCRETENESS的には、原理的に突き詰めていくみたいな感じがあるのですが、キュビスムはまさに隠れ家というか。いろんな隠れ家をつくって、その中で潜んでいるような感じがあります。印象派みたいに印象に流れてしまうのではなく、壁面で次元と次元の狭間にたくさんレイヤーを張るみたいな、そういう意味ではキュビスムの絵画の中で建築しているような次元のかさばりのような感覚もある気がします。

具体性を考える

中尾　大崎さんは、キュビスムの建築を見たことはありますか。例えば、デュシャンの兄のレイモン・デュシャン＝ヴィヨンらによる「メゾン・キュビスト」のようなものです。

最初にHYPER-CONCRETENESSという言葉を聞いた時に、私がデュシャンとチェスの問題を扱うスタンスにも通じるものがあったんです。軽やかな存在であったデュシャンに重みを与え、地に降ろすというか。つまり神話化されたレディメイドやチェスが意味の戯れのようなものになっていて、それは美術批評においてすごくポストモダン的だったとは思うんですよ。いろんなものが行き交って概念と概念が結びついて、あまり関係ないような概念もどんどん連鎖し、すべてが意味の戯れというか、書き換え可能なものになってしまうような。それを「多様化」とするのではなく、「切断の時代」ではないですが、どういうふうに私たちの存在論として捉え直すか、という揺り戻しがある。印象派に対するセザンヌのように、光の中で散り散りになってしまった世界をひとつの存在としてもう一度重みのあるものにするというか。

私は印象派的な精神よりもセザンヌ的な精神に惹かれます。デュシャンの作品も印象主義的に捉えれば、すべてが意味の戯れとして自由に組み換えが可能な世界をつくるのだけれども、私はまさにCONCRETENESS、つまりひとつの具体性を与えたかったんです。チェスというひとつのモチーフを介すことによって意味の戯れは、記号の座標系にもなるし、非網膜的と言われていたものが、駒とゲーム空間として網膜と関係したものにもなる。すごくCONCRETENESSなんですよ。デュシャンの中にある概念に重さやかたちを与えて、流動化させないような状態にする。だからアンフラマンスも、意味の戯れとして捉えれば自由に解釈が可能な詩的なものなのですが、そこに具体性を与えると概念の使える幅が狭まってしまうのだけれども、別のものに簡単に流用できないような、個別的なものに落とし込むことが必要な気がしています。

レディメイドも、「あらゆるものがレディメイドである」という世界ではなくて、次元と関連するシンメトリックで、鋳型を持った大量生産品に限定して考える。「宇宙全体がレディメイドであるというところまで概念を拡張できたのに、なんでそんなにデュシャンの限定的で個別的なものに落とし込んじゃうの?」ということになるけれども、私はそうした自由な解釈ではなく、アーカイブなどにリサーチをしっかりかけながら、厳密にやることでかたちというか、重みを与えたい。それが、私がHYPER-CONCRETENESSという言葉を聞いた時に、共感できた部分です。チェスとHYPER-CONCRETENESSを大崎さんがつなげてくれたわけですが、そうした態度においてマッチするのだと思っています。そういう意味では、バリアフリーにしてとか、ネットワークをどんどん広げてとか、概念を流用、転用した世界との付き合い方の中で、セザンヌ的な視点を持ち、かつキュビスムを——転換の仕方によってはキュビスムも戯れに見えるのですが——隠れ家のようにする。そういう関係はある種現代的なのかもしれないと思っているんです。

大崎　思考することは、まさにバリアを張ることですね。思考する、要するに考えることは自閉することというか、対話している時というのは自ら思考しながら対話して、開かれてもいるけど閉じてもいる。バリアフリーになると、そういう思考することの自閉性はなくなって、関係性やコミュニケーションは生まれるけど、今の社会はオープンで開かれすぎている状態にあると思います。だから、バリアを張ることと、チェスで考えるという具体的な抽象空間を、チェスの駒の運動可能性、仮想性の幅を最大限広げて、かつ相手のプレイヤーとの限定的な関係性の中でそれがなされるという、デュシャンのそういうところからもう一回美術の歴史や社会を考え直したらどうなるのか。

中尾　限定されているものと、無限なものの関係は、ロマンティックに捉えられる時がありますよね。ですが、絵画は矩形で囲われているから自由だとか、鍵盤の数は限られているから自由だとかという意味ではなく、制作とチェスの関係に具体性を持たせる必要があると思います。そうした関係を抽象化させ、共通の概念をつくり出し、いろんな人と議論する、というよりも真逆のベクトルでものすごく具体化させ、誰も入れない、ある意味で自閉的な状態にするような。

私は文章を書く時の具体例にすごく気を使っています。でも、具体例は具体的になればなるほど、行き着くところまで行き着くと、概念化できない。『マルセル・デュシャンとチェス』の中で、概念化されることで別のものとつながらないように、言葉を選んだりしました。読者には直接的に伝わるものではないと思うのだけれども、それはたぶんCONCRETENESSという部分で、つながりを広げるよりは、もっと具体的なものにしたかった。もちろん私の中に概念をつくりたいという欲望がまったくないと言いたいわけではなく、HYPER-CONCRETENESSというものも、抽象的なのか、具体的なのかということであれば、別に両方でもよいとは思うんですよ。方向はどちらでも。ただ、今日の話に引きつければ、「具体・具象」性という、どちらかと言えば、重みを持たせる言葉を選んでいる大崎さんの感性と、私の感性はそうした部分で響き合ってはいる。すごく具体的に閉じるというと、なんだか閉じこもっているみたいになってしまうけれども、つながらない部分で探るというか、そういう意識はあります。

大崎　そうですね。単にコミュニケーションして共約不可能な部分が共有できます、ではなんか腑に落ちなくて、そういう意味ではどこか糸を通せる穴くらいの感触で、本当にそれ以外は全部壁みたいな、針の穴くらいな、そういう感じがつかめるといいのかな。

中尾　デュシャンの中にある芸術の問題とチェスの問題も、もともと分離しているんです。それを芸術と非芸術という問題として、メタ的にどんどん接続していって、何かつながっているように見せることはできる。でも、それは共約不可能なものを、いったん共約できるものに書き換えている状態ではあるけれども、本当に共約不可能な状態の中に押し進んだわけではない。それは横断したことにはなる、つまり飛行機で島と島の間を行き来した、と。そうではなくて、今は針の穴のようなな、どこかでもしかしたら本当につながっているかもしれない、という部分を探ることが必要なんです。だから、デュシャンとチェスの問題には、芸術と非芸術の問題ではなく、制作とチェスのプレイがどこかで本当につながっているということを、つながっていないように見える部分を掻き分けて、実際につながりを示す、そうした具体性が必要だったんです。精度の高さとか、説得力とか、そういう具体性です。だから、マクロな視点に立てば、流動的な世界に対するアンチテーゼのような姿勢からHYPER-CONCRETENESSという考えが出てきたのかもしれないけれども、ミクロな視点に立てば、共約不可能という、通じていないことによって何か通じたもののように書き換えられたものを、もう一度本当に通じる可能性として針の穴を通すようにつないでみる、あるいは実際につくってみる、実際に触れてみる、実際に歩んでみる、そうした身体性、そうした接続法は今すごく重要だと思うんです。

大崎　私の作品では障害者の経験が中心になっているんですけど、じつはそれだけではありません。哲学者のティモシー・モートンが思弁的実在論の流れの中で、ハイパーオブジェクトということを言っていて、その音の響きからHYPER-CONCRETENESSという造語につながっていったんです。要するに「オブジェクト」が同時代の思考としてある。同時に、それは自閉症の人が現実界に直接触れてしまうような、物それ自体に触れているような感じがある。彼ら自身のそういった経験は定型発達の人たちは接近できませんが、むしろそちらに健常者の見過ごしている現実が広がっていて、その具体性から現実を問い直していけるのではないでしょうか。その別のつながり方を、芸術を通して発見していくことができるのだと思います。

［「HYPER-CONCRETENESS─フィクションと生活」京島長屋、東京にて　二〇一八年三月二五日］

4. 八頭町里山建築プロジェクト

時期｜二〇二〇年－
敷地｜鳥取県八頭郡八頭町 安部宿字栗ケ谷
主催｜《障害の家》プロジェクト Barrier House Project
法人｜労働者協同組合 Barrier House Project YAZU
まちづくりデザイン｜皆川将太
設計｜笠島俊一
協力｜夢工房こばちゃん／河本英夫
外部顧問｜佐野吉彦

建設に向けて――アートケアラーの住むまち

大崎晴地

八頭町里山建築プロジェクト

二〇一五年、第一回の展示からアイデアとして出ていた《家の中の山》を実現させたいという思いから、鳥取県八頭町にある山麓の敷地を河本英夫氏から譲り受け、自然と人工物が融合した新しい建築を計画中である。八頭町は広大な山に囲まれた中山間地域で、柿や梨など果物が豊富に採れ、そこに里山を活かした新しい複合施設の家を建てる予定だ。その敷地となる山の近くの福祉施設「夢工房こばちゃん」（就労継続支援B型作業所）と偶然出会い、意気投合したのである。若年認知症の方が通うこの施設は、事業者の小林幸男さんの実家をそのまま使った事業所として、小林かやみさんとともに利活用されている。認知症の障害者への理解を進める啓発活動として、世界アルツハイマーデー（九月二一日）に鉄道を貸し切り、認知症患者と触れ合う場を提供するなど、行政に依頼されてではなく自発的に活動されているところが素晴らしく、率先して町から発信している事業所だ。彼らは行政からの縦割による福祉利用ではなく、地域に根付いた横のつながりから障害者の生活を支えていけるまちづくりを画策していた。小林さんは《障害の家》の考え方に深く共鳴してくれ、「山の中のバリアフルな生活は、障害者にとっては優しい」と話す。バリアに向かうことがバリアフリーであるという先進性と、芸術的視点が今後は障害者の現場で重要になると小林さんも考えていたのだ。「夢工房」という名前の通り、夢のようなプロジェクトに賛同する小林さんは芸術的だ。彼らを中心に現場から〈障害の家〉のまちづくりの意識が芽生えてきている。もちろん、社会制度的には全面的なバリアフリー化が加速されていくであろうが、八頭町で《障害の家》の理念がおのずと受け入れられるのは、その核心となる自然が逆説的に人々の心のバリアフリーにつながるという場所のポテンシャルを見越しているからであろう。

そこで地域の中の取り組みとして、アートを通して障害のある人をリハビリテーションできないか。私は《障害の家》の建設にむけた事業を計画し、建築デザイナーの皆川将太と協働して法人〈労働者協同組合 Barrier House Project YAZU〉の活動を計画している。建築設計はこれまで通り、建築家の笠島俊一（bask design）、顧問は安井建築設計事務所の佐野吉彦氏とともに進めている。〈障害の家〉を建てるには、地域とのつながりや理解が必須である。社会的な福祉・医療体制のシステムを与えられた制度ではなく、アートを通したユニークな視点から関係性を紡いでいくためには、横のつながりの弾力をつくらなければならない。もちろん、経済的な余力はどこにもない一からのスタートなので、最大限の関係性のネットワークを使いながら、ケアとアートが相乗効果を発揮した新しい共同体、小さなソサエティを組織化していければと考えている。

計画

建設予定地の敷地である山は急な斜面である［図1］。自然の地質学的な時間とともに、里山建築は計画されなければならない。ここに紹介するイメージは現段階で構想している内容であって、最終形態ではない。バリアを排除して自然と区別する都会のような建築ではなく、自然と融合した建築を建てるには、バリアだらけの自然を肯定したい。生活の中に障害を取り込むことで、日常的に障害者への差別や偏見をなくすことにつながる。多様な人々と生活をともにする場所は、山と人とが交差する環境にあり、動物も自由に部屋に入り込んで暮らすゆたかな動線がある。

計画では、階段でフロアに上がるのではなく、山の斜面を登ることでフロア間を移動できる［図2］。いわゆる階段はない。フロアに空いた穴を行き来することでレイヤーを移動するのだ。ビルの上から下を見下ろした時に怖く感じられるのは、その建物が身体の延長になっていないためだ。一方山の頂上から見た風景が怖くないのは、山が地面と地続きになっているからである。里山建築は、大地の起伏による足場を室内に回復させ、日常的に身体が自然の記憶を取り戻すのである［図3、4］。

建築のかたちはスギヒラタケの生態系に倣っており、水平に生えた庇のようなデザインになっている。タケ（茸）は分解できる樹木がそれぞれ異なり、キノコ（木の子）という名前のとおり、杉、椎、榎、松など、それぞれの木の種類のもとで育つ。樹木を食べて成長することで、同時に樹木の肥やしにもなる。この最小単位のユニットをまず《障害の家》として建設する。そして、第一期、第二期というように増築しながら少しずつ拡大していくことを考えている。キノコが群生している様を見ていると、増殖

スギヒラタケ

していけば一つの都市のモデルのように見えるだろう。大自然の斜面地形を利用した〈障害の家〉の都市を想像することができるかもしれない。

また建築物の内と外を明確な壁で区切るよりも、柱に無加工の杉を利用し、周囲にある自然の杉との間で入り混じるフィクショナルな効果は、個人の居心地の良さを追求したパーソナルスペースを保つことを促すだろう。人の散歩するような動線や居心地のラインが建築のバウンダリーなのであり、フィクションも自然なのである。

自然の山を里山化することとは、山そのものを延命するための補強ともなる。それは人間の生きる長さを遥かに超えた山の時間とのサスティナブルな共生モデルでもある。そこでは山を維持する里山化と人をケアすることが連動し、山も人もともに成長し合う相互触媒の作用をもたらす。それは従来のネガティブに捉えられやすい施設空間の閉鎖感を払拭するだろう。山を支配するのではなく、人間と山とが対等にあり、自然に寄り添って人間もたくましく成長していく「里山と福祉が融合した建築」。それは農耕社会だった日本から発信する、新しい日本的福祉の未来となるのである。

踊り場としての台所

最初から機能をアフォーダンスする施設は人を固定する。もちろん多目的な部屋も多目的であることが前提とされているのだから、特別なことが起きにくく、刺激もない。機能的な用途がある施設は、それを利用する人の役割が固定されがちだ。しかし、そうした機能化が起きる場所、制度を分析するところから問題にしたのが、フランスのラ・ボルド精神病院だった。精神科医のジャン・

ウリはその中でも「台所」で起きるそれぞれの勝手気ままな活動に注目している。台所では、料理する人だけでなく踊る人、対話する人、音楽を聴く人、楽器を弾く人などさまざまなイベントがあり、潜在的なつながりが文字通り可視化されるような場である。別の出来事が起きる余白を含んだ場所は、さまざまな活動が分岐するポテンシャルがある。場所と場所との間の踊り場のように、台所は出来事と出来事をつなぐ結び目（node）があるようにも思える。料理をすることは、別のこととシンクロした時間を促し、具材をぐつぐつ煮込む時間（モノそれ自体の時間）とともに、調味料の配分によって変化を与え、完成までの人が待機する時間の間合いが生まれる。台所は時間的な「踊り場としての場所」であり、多様なモノと人が化学反応を起こしながら交錯する。これは食べることにともなう労働のゆたかな時間であり、芸術性とも関係した仕事を発生させる。生活の中での労働と仕事の分岐。レシピはあってもそれに伴う多様な素材のネットワークが無限にあり、目的ではない即興や行為、出来事が生まれる場なのである。その小さな出来事の集合は、水平的な横のつながりをつくる環境に相応しい。料理と台所は、つながりをつくりながら適度に去ることもできる、ほどよいケア的な関係性のモデルである。スギヒラタケの構造も踊り場の痕跡のようなかたちをしている。

また通常、障害者の福祉施設ではナイフはもちろん、ハサミなど刃物を勝手に使わせていないところが多いが、夢工房の台所では利用者にも刃物の使用を許可している。日常の中でそのような差別しない関係性が、利用者には無意識の信頼感を与えているのである。こうした自然な関係性をつくることができる夢工房は、環境が利用者本人たちの居場所として機能している。利用者とスタッフがお互い対等な関係にあるということだ。現在は、建設予定の山林の麓にある旧保育所の建物を利活用した新事業所で開業されたところである。《障害の家》のまちづくりはまだ始まったばかりだ。

セラピーからアートケアラーへ

精神医学における狭義のアートセラピーに対して、すべての芸術には治癒の効用があり、美術、音楽、身体表現など、あらゆる表現活動に関わる「アート」が持つ効用について指摘されることがある。芸術の効用に普遍的な定義があるとすれば、ひとつには心の昇華やカタルシスが挙げられる。これは作業療法などの障害者福祉の現場において、アートが生活の質（QOL）を高めるという見方や、そもそも発達障害や自閉症などが多く問題視される医療において、生活全般をも含めて総合的に支援していこうという障害学の視点にも根付いている。それはもはやセラピー（治療）というよりはケアであり、自立を支援するためのつながりやコミュニケーションを意味する。一般的に言って、アートは敷居の高い絵画や彫刻と思われがちだが、ここで言うアートは近代的な「芸術」だけではなく、生活や関係性の中での「アート」を含んでいる。アーティストは社会的目的や役割から解き放たれて、最も自由な者であり、そのような人はケアの現場でも、思わぬつながりをつくることができるかもしれないのである。アーティストは別のつながりを見つけることに長けているからだ。

これまでのアーティストは社会からは外れた者と見られてきた。それはアーティストが社会的にアウトサイダー的な立ち位置だったからであるが、そこには正常と異常の区別が前提としてあった。

アール・ブリュットも、アートセラピーも障害者という前提がある。障害者は「共に生活する」のではなく、治療の対象として、あるいは狂気の対象として見られていた。しかしいわゆる「セラピー」という近代的な障害者との向き合い方ではなく、「ケア」的な関わり方を現代のアーティストがすれば、福祉の現場でも意味を持つのではないか。別のつながりやコミュニケーションの触媒としてアートが作用をもたらすなら、アーティストはケアラーでもあり、アートケアラーと呼べる。アーティストの視点が神格化された精神病と重ね合わさるような自立的主体から、水平的な関係性の中に移動してきているのだ。アートという本来は仕事であることが労働（labor）に限りなく近くなっているとも言える。精神病理が軽症化することに伴って、関係性や対話を構築する社会化が起きてきた。

ところで、アメリカではアートセラピストが州ごとの認定資格としてあるが、日本にはない。臨床心理士、作業療法士は認定資格だが、芸術療法士は資格が日本にはない。ケアワーカー、ソーシャルワーカー、エッセンシャルワーカーと同じように、アートワーカーがありえる。しかし、先に述べたようにアーティストはそもそも社会的資格や職業にならない自由な生き方をしているので、そのような資格が必要なのかはわからない。かえって職種になることで型にはまり逆効果になるかもしれないからだ。従来的な技術を前提としたアートならば専門的視点として成立するが、人との関わり方の技術は作業療法士や福祉士の性格ということになる。もちろん、そこに技術があるだろう。しかし、アートケアラーは、人生や生活をゆたかにしていくための方法を編み出す人であり、生き方の問題のようなところがある。少なくとも経済的な目的を二の次にしている。アートケアラーは潜在的であり、潜在的だからこそ意味があるとも言えるのである。私自身も一時期、精神科病院でアートワークを行なったことがある。主に統合失調症の患者のデイケアや慢性期の患者に対してアートを通した週一回のセッションを行なっていた。しかし、統合失調症の人の場合、不意打ちに弱いと言われるように、新奇なものは求められていないケースが多く、むしろ型にはまった芸術を希望してくることが多かった。だからごくごくありふれた描画を中心とした絵を教え、そこで対話しながら患者さんの見ている世界との調律を合わせようとしていた。

例えばアーティストは医療的な意味で「治す」ことはできないが、ハードとしての家や道具、衣服その他、生活に関わる質感を考えられる。つながりの質感である。行政の事業が文化政策を行なう際に、つながりの質感が抜け落ち、関係性だけが形骸化すれば元も子もない。多様な人間同士のつながりの弾力性はどこから生まれるのか(これについては冒頭の拙論に書いた)。おのずとケアは遂行されて円滑になるものであって、ケアは意識して行なう仕事（work）ではない。ケアそのものを目的とするのには理由があるだろうし、そうでなければ偽善的になる場合もあるだろう。

私は患者の複雑な心の問題や異質な病理に関心がある。患者に寄り添い、異なる経験のメカニズムを紐解くことが、世界を開く実践である。こちらに彼らを合わせようとするのではなく、こちらが彼らの経験から学ぶ。社会的目的になる前に、まずはその現実へのアプローチがある。だからこそケア抜きにして関係は成立しない。アクセシビリティとも近接するが、むしろ私は翻訳不可能な現実（in-translation）や変換できない関係（inaccessibility）のほうに強く魅せられてきた。精神病の患者との関係は相互にわからない者同士であり、お互いが障害者の関係となる。そうした関係において、針の穴に糸を通すほどの隙間を見つけることにアートの問題があると考えている。その上での関係性への注目であって、アーティストとしてはまず違和感や異質さを大事にしたい。

福祉を超えて

二〇〇〇年以降、「おひとりさま」という言葉が出てきたが、同時に老人の孤独死や介護問題が社会問題となっている。それに伴って訪問介護で一人一人の家に訪問する介護ヘルパーや、老人ホームでの福祉活動は活発化している。しかし、ケアの場が家族至上主義であるとすれば、そこでは家父長制の認識そのものが更新されていない。それはまだ「ホーム」の代替えのようであり、元通りの家に戻ること、あるいは戻らなくてもそこが家の代替えになることが根強くある。アーティストは「ホーム」すなわち家族至上主義を強化するケアに奉仕するのだろうか、それともむしろ家父長制を壊し、新たな関係性を築くことにあるのか。《障害の家》が「家」の建築にこだわるのは、「家」の固定観念を組み替えるさまざまなかたちを提示しているからである。介護する側と介護される側という社会的関係の中でのケア労働ではなく、そのケアの現場の設計を通して人の心をリハビリしていく家のハードからがケアの問題なのである。アーティストが社会に求められ、福祉施設にも求められるようになった現代は必然的なところがある。硬い制度の中でアーティストが媒介変数のように介入することによって、閉じられてしまいがちな施設空間に風穴を空けるからだ。社会もアートを通して柔軟に組み替えることが意識されるようになった。ただし福祉そのものは国家政策や資本主義的なルーツがあり、権力や資本家が弱者を支援する構造自体が旧態依然としているとも言いうるだろう。こうした基盤の上に社会があることを意識した上で、その構造自体を問い直すことがアートの仕事である。資本主義の外でケアすることは可能なのだろうか。目下のところ、《障害の家》はホーム感、家族感とは違うケアのあり方を目指している。人も動物もモノも関わり、自然と人工物が併存し、利用者のランダムネスを促す新しい異質な共同性、芸術であることとケアとのオルタナティブなつながりを試行錯誤する。

地域の中で患者を見ていく地域精神医療の体制は、精神病院じたいをなくし地域で患者を支えるイタリアのパザーリア法をはじめ、制度化が進んでいる。歴史的には、L・チオンピの提唱したゾテリア・ベルンで、二四時間、街の中の一軒家で患者を看護する体制がつくられ、これも日常的なホームの中で看護する家族を感じさせる。そこでの関係が病理を生む可能性もあるので、その地域での関係や施設へのケアも欠かせない。日常空間での生活そのものを支援する精神医療は、生活そのものが目的化するような活動だから、どこか舞台セットの役者のような感じがする。普通に生活するための支援のメカニズムは、その利用者の人生そのものに関わりながら、同時に「制度化の病」を診る人が必要である。ケアは自立するためには欠かせない潜在的なつながりであり、そのつなぎ目が強い囲いになったり暴力になっていないか。それを分析することで閉鎖感をなくしていくことになる。ケアにもドラマトゥルク（演劇におけるあらゆる要素を媒介し調整する役割）が必要だ。

ケアが人生そのものの回復や復帰、病理とともに生きることを目的とするなら、目的へと結ぶ最短距離はない。生きることと仕事することは絡み合う。だからそれはネットワークの連鎖によって連動していくことで、水平的な関係によって患者を診ていく取り組みなのであって、同心円状の広がりが輪郭となっていくよりほかない。

芸術にはそれ自体を目的にする自律的な意味合いがあった。現代は有象無象な人々に開かれ、ケア的なゆるい広がりを見せている。一見関係のない旧態依然とした芸術作品さえ、関係史のなかで読み解かれるようにも思える。そうした社会においていわゆる障害者（認知症や自閉症、発達障害など）にはアーティストとの生活が必要だと感じており、〈障害（者）の家〉にアーティストが出入りする日も近い。

参考文献

鈴木國文『同時代の精神病理—ポリフォニーとしてのモダンをどう生きるか』二〇一四年、中山書店
三脇康生「ラ・ボルド病院の台所の transversalité」『思想』二〇一三年、岩波書店
佐藤元昭「キノコ談義」一般財団法人食品分析開発センター SUNATEC（http://www.mac.or.jp/mail/200901/02.shtml［二〇二三年六月閲覧］）

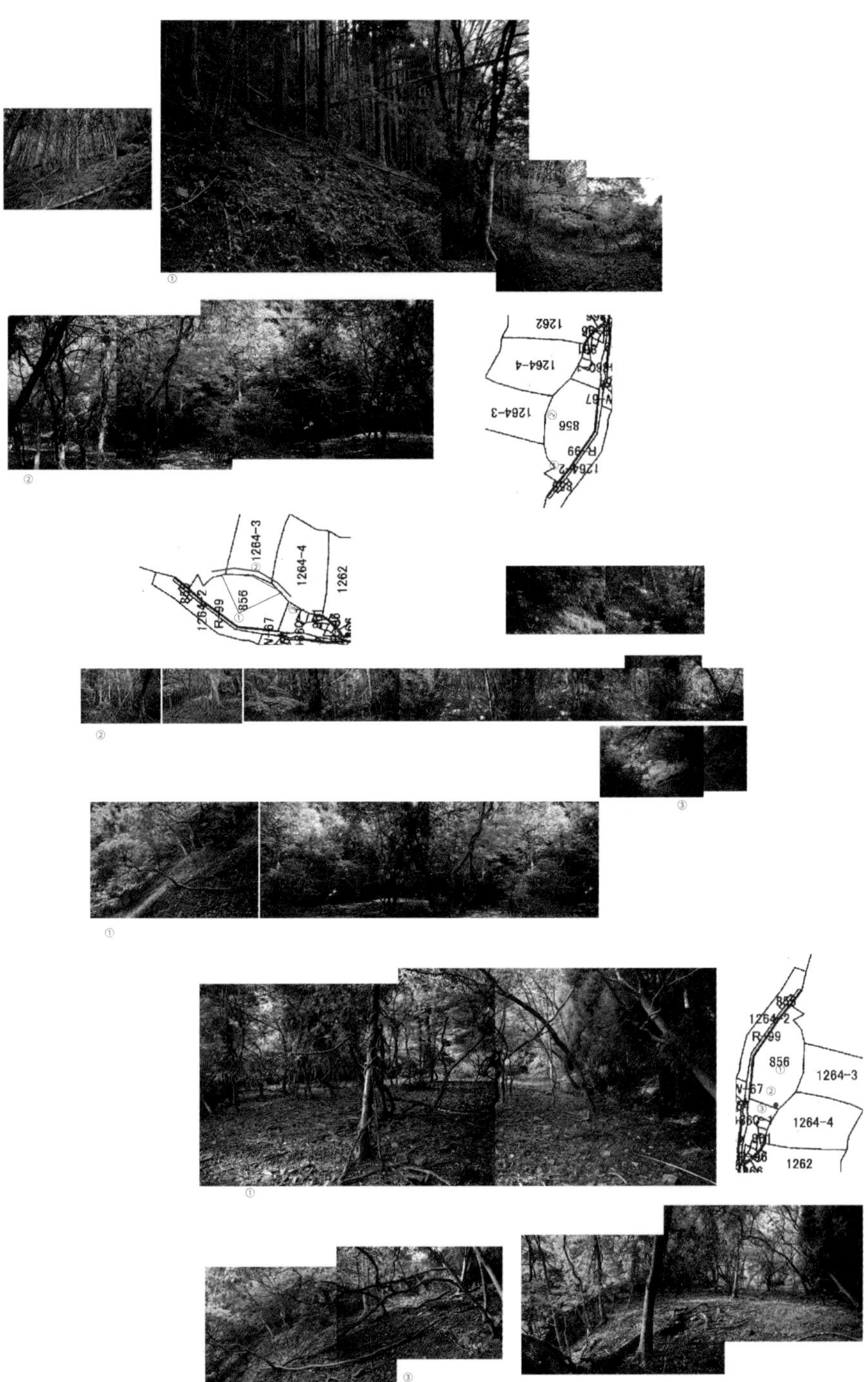
①
②
1262
1264-4
1264-3
856
R-99
1264-3
1264-4
1262
856
R-99
②
③
②
③
①
①
1264-2
R-99
856
1264-3
1264-4
1262
①
③
②

図１　建設予定地の山林

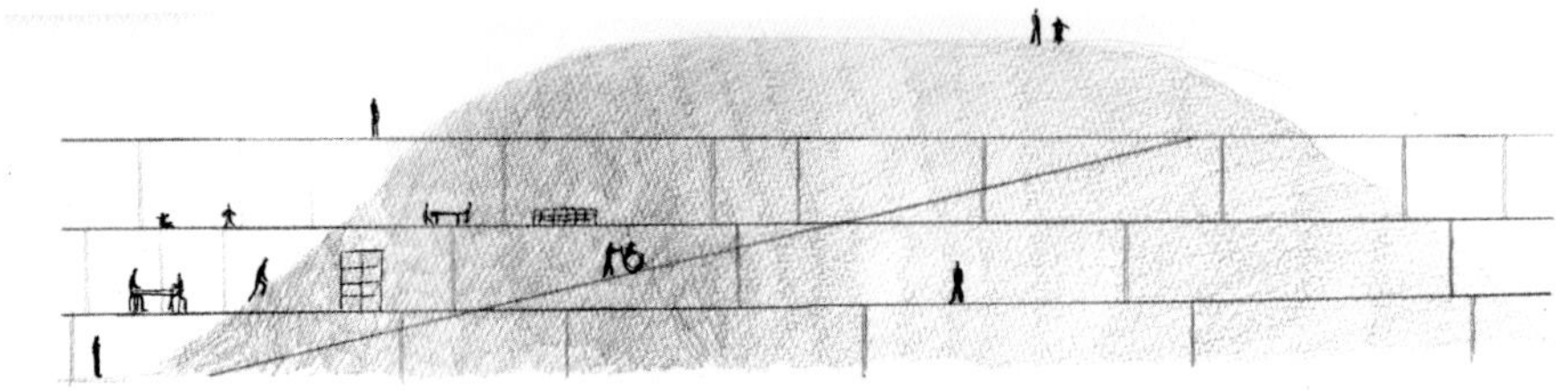

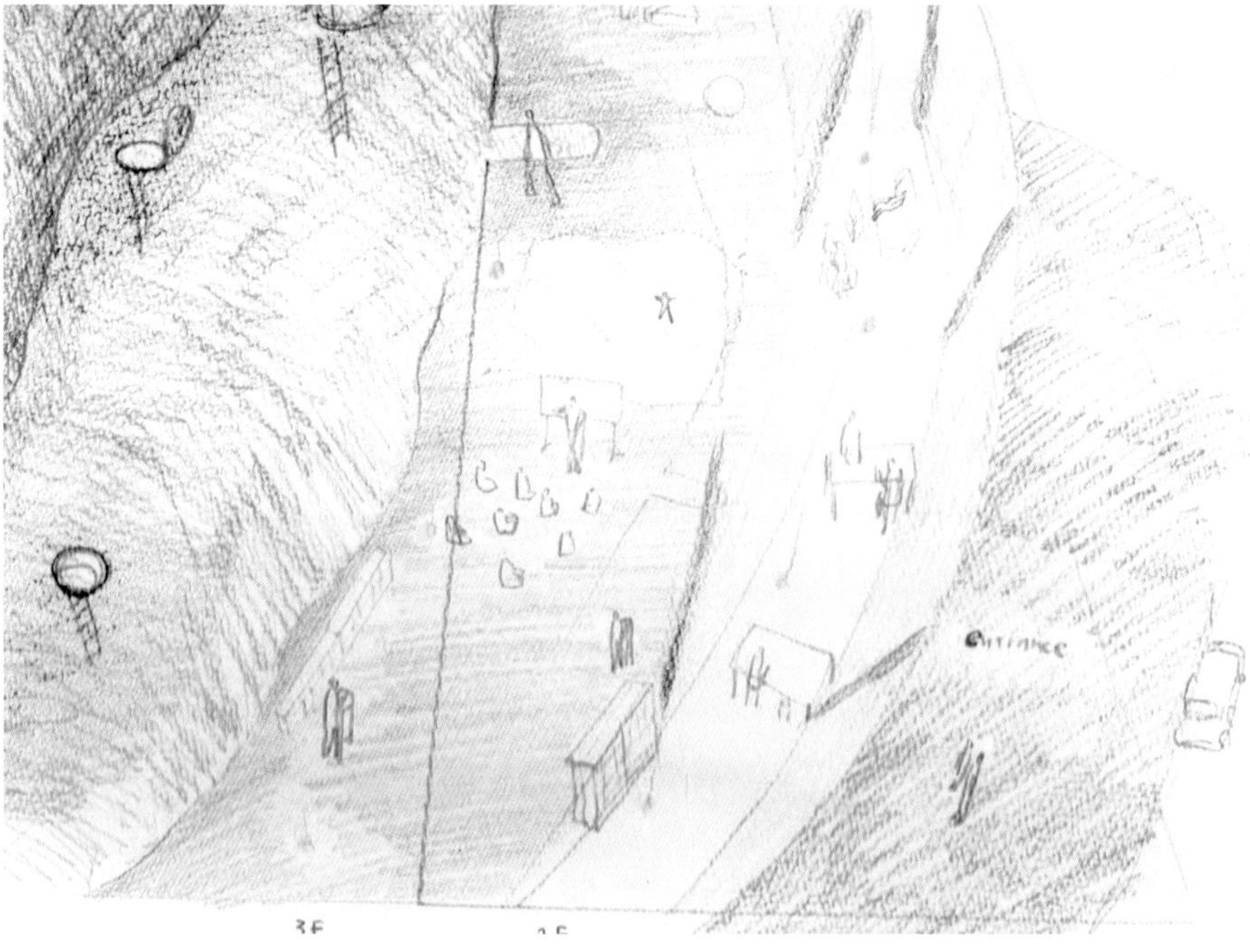

杉の柱は山林のようにランダムに建てる
人々の活動が見える
ピラミッド型

entrance

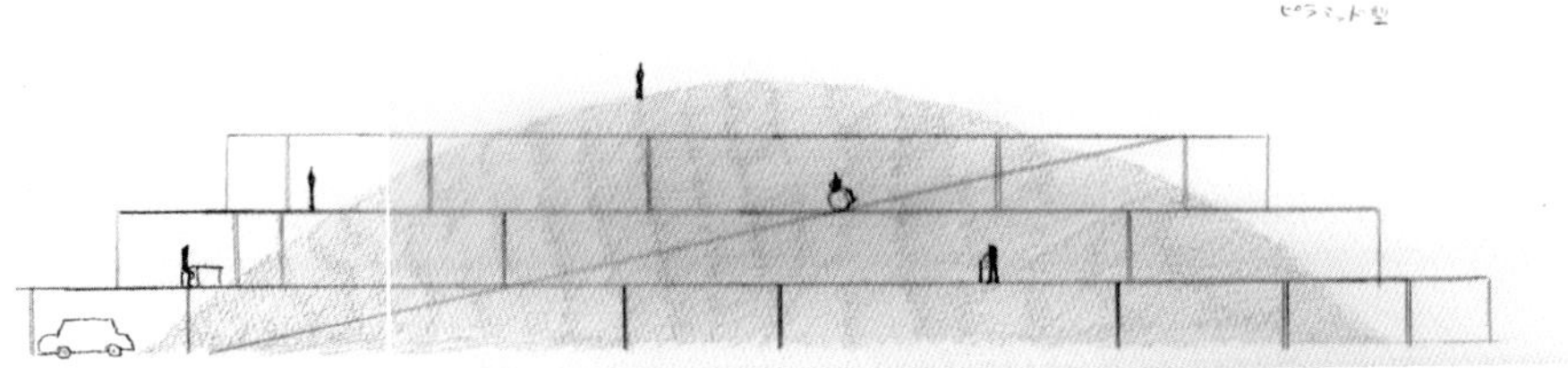

図２　山を登りながらフロアを移動する
図３　俯瞰イメージ

図４　内観イメージ
図５　外観パース

図６　内観パース
図７　バルコニー・外観パース

巻末クレジット

池上高志（いけがみ・たかし）
理学博士（物理学）。東京大学広域システム科学系・教授。専門は複雑系の科学・人工生命、著書に『動きが生命をつくる』（青土社、二〇〇七）、『人間と機械のあいだ』（共著、講談社、二〇一六）、『作って動かすALife』（共著、二〇一八）など。またアート活動として、《ScaryBeauty》（with 渋谷慶一郎、ALIFE2018）、《傀儡神楽》（二〇二〇、MutekJapan）、《MTM2》（東大先端研、二〇二三）など。

毛利悠子（もうり・ゆうこ）
美術家。構築へのアプローチではなく、環境などの諸条件によって変化してゆく「事象」に着目したインスタレーションや彫刻を制作。カムデン・アーツ・センター（ロンドン）や十和田市現代美術館（青森）での個展のほか、「第14回光州ビエンナーレ」、「第23回シドニー・ビエンナーレ」、「第34回サンパウロ・ビエンナーレ」、「第14回リヨン・ビエンナーレ」をはじめ国内外の展覧会に参加。

河本英夫（かわもと・ひでお）
博士（学術）。東洋大学文学部哲学科・教授、専門はシステム論、科学論。最新系のシステム開発を手がけるなかで精神医学、リハビリテーション、身体表現、アート、情報システム等の分野で協同研究を進めた。著書に『経験をリセットする』（青土社、二〇一七）、『哲学の練習問題』（講談社、二〇一八）、『ダ・ヴィンチ・システム』（学芸みらい社、二〇二二）など。

十川幸司（とがわ・こうじ）
精神分析家、精神科医。個人開業。専門は、精神分析、精神病理学。著書に『精神分析への抵抗』（青土社、二〇〇〇）、『思考のフロンティア　精神分析』（岩波書店、二〇〇三）、『来るべき精神分析のプログラム』（講談社、二〇〇八）、『フロイディアン・ステップ』（みすず書房、二〇一九）など。

村山悟郎（むらやま・ごろう）
アーティスト。博士（美術）。武蔵野美術大学、東北芸術工科大学、広島市立大学非常勤講師。自己組織的なプロセスやパターンを、絵画やドローイングをとおして表現している。二〇一〇年、shiseido art egg 賞（資生堂ギャラリー）を受賞。近年の主な展覧会に、「瀬戸内国際芸術祭2022」（男木島、香川）、「ICC アニュアル2022 -生命らしきもの」（NTT インターコミュニケーションセンター、東京）など。

八谷和彦（はちや・かずひこ）
メディアアーティスト。東京藝術大学先端芸術表現科教授。九州芸術工科大学（現九州大学芸術工学部）画像設計学科卒業、コンサルティング会社勤務の後（株）PetWORKsを設立。作品に《視聴覚交換マシン》や《ポストペット》などのコミュニケーションツールや、ジェットエンジン付きスケートボード《エアボード》やメーヴェの実機をつくってみるプロジェクト《オープンスカイ》などがあり、作品は機能をもった装置であることが多い。

佐野吉彦（さの・よしひこ）
一九五四年生まれ。安井建築設計事務所社長。東京汐留ビル（二〇〇五）、灘高校校舎（二〇〇二）ほか、荒川修作と協働して三鷹天命反転住宅（二〇〇五）を手がけた。日本建築士事務所協会連合会会長などを歴任。取手アートプロジェクトオフィス理事長、東京理科大学大学院客員教授、米国建築家協会名誉フェロー会員。

笠島俊一（かさじま・しゅんいち）
建築家（一級建築士）。（株）バスクデザイン代表取締役。二〇〇四年芝浦工業大学大学院建設工学専攻修了、二〇〇四―〇六年岡田哲史建築都市計画研究所、二〇一〇年東京藝術大学大学院先端芸術表現専攻修了。日本工学院専門学校非常勤講師（二〇一二―一七）、芝浦工業大学非常勤講師（二〇一四―）、宇都宮大学非常勤講師（二〇二〇）。

松本卓也（まつもと・たくや）
博士（医学）。京都大学大学院人間・環境学研究科准教授。専門は精神病理学。著書に『創造と狂気の歴史――プラトンからドゥルーズまで』（講談社、二〇一九）、『症例でわかる精神病理学』（誠信書房、二〇一八）、『享楽社会論――現代ラカン派の展開』（人文書院、二〇一八）、『人はみな妄想する――ジャック・ラカンと鑑別診断の思想』（青土社、二〇一五）など。

飯岡陸（いいおか・りく）
キュレーター。森美術館勤務。同館では海外で開催された日本の現代美術展の調査（二〇一九―二〇年）や二〇二二年『地球がまわる音を聴く：パンデミック以降のウェルビーイング』などに携わる。企画した主な展覧会に、『新しいルーブ・ゴールドバーグ・マシーン』（KAYOKOYUKI・駒込倉庫、東京、二〇一六）など。

小倉拓也（おぐら・たくや）
一九八五年生まれ。秋田大学教育文化学部准教授。博士（人間科学）。専門は哲学・現代思想。著書に『カオスに抗する闘い――ドゥルーズ・精神分析・現象学』（人文書院、二〇一八）、共著に『ドゥルーズの21世紀』（河出書房新社、二〇一九）など。訳書にエリザベス・グロス『カオス・領土・芸術――ドゥルーズと大地のフレーミング』（法政大学出版局、二〇二〇）、ブルース・フィンク『後期ラカン入門』（人文書院、二〇一三）など。

中尾拓哉（なかお・たくや）
美術評論家／芸術学。博士（芸術）。女子美術大学、多摩美術大学、東京藝術大学、東京工業大学、立教大学、早稲田大学非常勤講師。近現代芸術に関する評論を執筆。特に、マルセル・デュシャンが没頭したチェスをテーマに、生活（あるいは非芸術）と制作の結びつきについて探求している。著書に『マルセル・デュシャンとチェス』（平凡社、二〇一七）。編著書に『スポーツ／アート』（森話社、二〇二〇）。

写真クレジット

Grow up!! Artist Project2014報告会｜金川晋吾
《障害の家》プロジェクト｜津島岳央（一三九頁上、一四〇頁、一四一頁、一四二頁）、井上幸穂（一三九頁下、一四三頁、一四四頁）
HYPER-CONCRETENESS─フィクションと生活｜金川晋吾

初出

「スペクトラムの時代の「家」に向けて」｜『コトノネ』「コトノネコラム」二〇一八年二月
[http://kotonone.jp/job_magazine/2018/02011624.html、http://kotonone.jp/job_magazine/2018/02051657.html、http://kotonone.jp/job_magazine/2018/02081672.html、いずれも二〇二三年七月閲覧]

編者について

大崎晴地（おおさき・はるち）

一九八一年生まれ。心と身体、発達のリハビリテーション、精神病理学の領野にかかわりながら、作品制作・研究活動を行っている。博士（美術）。二〇〇七年、東京芸術大学美術学部先端芸術表現科卒業。二〇〇九年、東京芸術大学大学院美術研究科先端芸術表現専攻修士課程、二〇一四年、同大学院美術研究科博士課程修了。二〇二〇―二二年、国際哲学研究センター客員研究員。二〇二二年、ACC（アジアン・カルチュラル・カウンシル）日本フェローシップ・グラント。

主な展示に「Sustainable Sculpture」（駒込倉庫、東京、二〇二〇）、「CONNECT⇔～芸術・身体・デザインをひらく」（京都国立近代美術館、京都、二〇二〇）、「HYPER-CONCRETENESS――フィクションと生活」（京島長屋、東京、二〇一八）、《障害の家》プロジェクト（千住たこテラス、東京、二〇一七）、「新しいループ・ゴールドバーグ・マシーン」（KAYOKO YUKI　駒込倉庫、二〇一六）、「Grow up!! Artist Project 2014 報告会」（アサヒアートスクエア、東京、二〇一五）など。

障害の家と自由な身体
――リハビリとアートを巡る7つの対話

二〇二三年八月三〇日　初版

編者　大崎晴地
発行者　株式会社晶文社
東京都千代田区神田神保町一-一一
〒一〇一-〇〇五一
電話　〇三-三五一八-四九四〇（代表）・四九四二（編集）
URL　https://www.shobunsha.co.jp
印刷・製本　中央精版印刷株式会社

©Haruchi OSAKI 2023
ISBN978-4-7949-7374-0 Printed in Japan

JCOPY
〈（社）出版者著作権管理機構 委託出版物〉
本書の無断複写は著作権法上での例外を除き禁じられています。複写される場合は、そのつど事前に、（社）出版者著作権管理機構（TEL：03-5244-5088 FAX：03-5244-5089 e-mail: info@jcopy.or.jp）の許諾を得てください。

〈検印廃止〉落丁・乱丁本はお取替えいたします。

好評発売中

いなくなっていない父　金川晋吾

気鋭の写真家が綴る、親子という他人。著者初の文芸書、衝撃のデビュー作！
『father』にて「失踪する父」とされた男は、その後は失踪を止めた。不在の父を撮影する写真家として知られるようになった著者に、「いる父」と向き合うことで何が浮かび上がってくるのか。時に不気味に、時に息苦しく、時にユーモラスに目の前に現れる親子の姿をファインダーとテキストを通して描く、ドキュメンタリーノベル。

フェミニスト・シティ　レスリー・カーン　東辻賢治郎 訳

男性基準で計画された都市で、女性たちはどう生きのびるか。これからの都市は、あらゆるジェンダーに向けて作られなければならない。 多くの公共スペースは女性のために設計されておらず、母親、 労働者、 介護者として生活する女性たちに不自由を強いてきた。 ヨーロッパでは街を歩くだけで売春婦と思われた時代があり、 現代においても危険な夜道は解決されない問題として残っている。 フェミニズムを建築的に展開させた本書が、 世界を作り出す新しい力になるだろう。

顔のない遭難者たち――地中海に沈む移民・難民の「尊厳」
クリスティーナ・カッターネオ　栗原俊秀 訳　岩瀬博太郎 監修

いまも昔も、世界中のあらゆる国々で、「身元不明の遺体」が発見されてるが、その多くは身元を特定されない。不明者が移民・難民である場合、その遺体を「放っておけ」と言う人々がいる。それはなぜか？ イタリアには、領海内で遭難した外国人の身元特定にかかわる法律が存在しなかったが、法医学者である著者は仲間たちと協力し、ヨーロッパではじめて移民遭難者向けデータバンクの創設に取り組む。

医療の外れで――看護師のわたしが考えたマイノリティと差別のこと
木村映里

生活保護受給者、性風俗産業の従事者、セクシュアルマイノリティ、性暴力被害者などが、 医療者からの心無い対応で傷ついたり、それがきっかけで医療を受ける機会を逸している現実がある。医療に携わる人間は、こうした社会や医療から排除されやすい人々と対峙するとき、どのようなケア的態度でのぞむべきなのか。看護師として働き、医療者と患者の間に生まれる齟齬を日々実感してきた著者が紡いだ、両者の分断を乗り越えるための物語。誰一人として医療から外さないために。

アートプロジェクト文化資本論――3331から東京ビエンナーレへ
中村政人

「私たちの文化」を「私たちの場所」で「私たちの手」で創る、あたらしいアートのマニュフェスト！
アートとは、ハコでもなくモノでもなく、マネーゲームでもない、コト（出来事）である。コトを起こすプロジェクトとしてのアートを追究してきたアーティスト・中村政人が考えるアートプロジェクトの原理とは、アート・産業・コミュニティのトライアングル。アーツ千代田 3331での活動、さらに2021年7月よりグランドオープンした東京ビエンナーレの取り組みを題材にして語る、アートと社会と文化資本の未来をめぐる原理論。